병의원 운영의 마스터북

개원의가 꼭 알아야 할 핵심 세무·노무

세무사·세무학박사 김관형 저

도서출판
어울림
www.aubook.co.kr

들어가며

개원의는 환자의 진료 외에도 병원 직원관리, 운영 등 신경 쓸 것이 매우 많다. 의사로서 환자의 건강을 살피는 것이 가장 중요하겠지만, 동시에 사업자임을 명심해야 한다. 아무리 환자가 늘고 진료를 많이 봐도 소득이 뒤따르지 않는다면 그 병의원은 지속가능하지 않다. 영리를 추구해야하고 절세를 통한 세후소득을 확보해야 한다. 그리고 노무 또한 대표자 본인 외에는 이해관계 있는 자가 없기 때문에 대표자가 직접 신경써야하는 항목이다.

필자는 많은 병원, 의원, 치과의원, 한의원, 약국 등의 세무대리를 수행하며 개원초기부터 자주 들어온 질의사항을 정리해왔다. 환경과 상황에 따라 질의 내용은 다양했지만 비슷한 성격의 질의내용들은 엮어 내용을 간소화할 있었다.

본 책의 구성은 다음과 같다.

제1장에서는 개원과정에서 대표자들이 알아야할 내용들만 모아 구성했다. **제2장**은 병의원을 운영시 절세를 위해 대표자께서 준비하거나 대비해야 할 정보의 내용으로 채워졌다. **제3장**은 병의원 소득세 신고시 일반적으로 적용하는 소득공제와 세액공제들을 담았고, **제4장**은 개업 중인 대표님이 가장 많이 해왔던 세금질의와 답

변들을 정리했다. 직원관리를 위해 알아야할 노동법과 사회보험에 대한 내용은 각각 **제5장**과 **제6장**에 정리했고 **제7장**에는 사업장과 무관한 개인세금인 양도세, 증여세, 상속세에 대한 내용을 간단하게 정리했다. 마지막으로 **제8장**에는 일반적으로 수행하고 있는 세무대리업무에 대한 내용을 담았다.

이러한 내용들이 병의원 개원을 준비하는 분들과 현재 운영하고 계신 대표님들께 조금이나마 도움이 되길 기대한다.

2022년 9월
저자

목 차

제1장 개원과정에서의 세무

- 개원준비는 어떻게 하나?　15
- 개원준비시 필요한 서류?　17
- 중계인 없이 임대차계약을 할 때 조심해야 할 사항은?　19
- 중개인의 중개로 임대차계약시 알아두면 좋은 점은?　22
- 개원과정에서 지출되는 비용도 경비인정이 되나?　23
- 세금신고시 페이닥터(근로소득자)와 어떤 점이 다른가?　24
- 사업자등록증 미리 발급받기　26
- 동업시 유의사항은?　28
- 과세사업자와 면세사업자의 차이점은?　30
- 사업용카드 등록하기　32
- 사업용계좌를 사용해야 하는 이유　33
- 상가분양(매입) 또는 임차시 세무상 차이점은?　34
- 상가건물을 임차할 경우 신경 써야 할 점은?　36

제2장 | 절세를 위한 비용관리

- 적격증빙이란?   41
- 적격증빙을 제때 받지 않는 경우 문제점은?   42
- 세금계산서와 카드영수증 중 어떤 영수증 수취가 유리한가?   43
- 현금영수증 수취시 주의할 점은?   44
- 영수증을 모을 필요가 없는 이유   45
- 거래처가 정상적인 사업자인지 확인하는 방법은?   46
- 가짜 세금계산서(또는 계산서) 구입시 리스크는?   47
- 전자세금계산서와 일반세금계산서의 차이점은?   48
- 차 구입 방법의 장단점은? (일시불, 할부, 리스, 렌탈)   50
- 차량 및 차량유지비는 얼마까지 인정받는가?   51
- 가족이 근무시 인건비 신고는 하는 것이 좋은가?   52
- 집 담보대출과 신용대출 중 무엇부터 갚는 것이 유리한가?   53
- 직원 복리후생 목적으로 상품권 이용하기   54
- 감가상각비용 이용하기   55
- 기부금도 경비처리가 되나?   56

목 차

제3장 절세를 위한 세액공제

- 통합투자세액공제　59
- 고용증대세액공제　60
- 사회보험세액공제　61
- 중소기업특별세액감면　62
- 절세금융상품　63
- 교육비·의료비 세액공제　64

제4장 안정적인 세금관리

- 성실신고확인대상자란?　67
- 성실신고확인대상시 세금이 늘어난다?　68
- 매출액 적정하게 신고하기　69
- 소득율 관리　71
- 진료매출시 현금영수증을 발급해야 하는 이유는?　73
- 현금영수증을 발급하지 않을 경우의 불이익은?　75
- 세금계산서(또는 계산서)를 발급하는 방법은?　76
- 세금계산서(또는 계산서)를 잘못 발행한 경우에는?　77
- 세파라치의 활동과 유의해야 할 점은?　78
- 세무조사의 종류　79
- 세무조사를 피하는 방법　81
- 세금납부를 연장하는 방법　82

- Q 억울한 세금을 구제받을 수 있는 방법 83
- Q 폐업시 납부해야 하는 세금과 절세법은? 84
- Q 병의원 양도시 (세금)계산서를 발행해야 하나? 86

제5장 직원관리를 위해 알아야 할 근로기준법

- Q 근로기준법상 근로자의 개념 89
- Q 사업장 규모별 근로기준법 준수사항은? 91
- Q 월급은 직원 통장에 직접 지급해야하나? 92
- Q 직원 월급 지급시 채권 등과 상계할 수 있나? 93
- Q 월급을 의료서비스 제공 등으로 대신할 수 있나? 95
- Q 월급 지급 시기는? 96
- Q 통상임금과 평균임금 98
- Q 연차수당(연차휴가)는 얼마나 지급해야 하나 100
- Q 연장근로수당이란? 102
- Q 야간근로수당이란? 104
- Q 휴일근로수당이란? 105
- Q 휴업시에도 월급을 지급해야 하나? 106
- Q 직원의 출산시 휴가수당은? 107
- Q 근로시간이 주40시간을 넘길 수 있나? 108
- Q 청소년 고용시 주의할 점 112
- Q 근로계약서 작성시 주의사항 113

목 차

- 취업규칙은 모든 사업장에 신고해야 하나? 114
- 근로자와 계약기간이 만료된 경우 어떻게
  처리해야 하나? 115
- 병의원 운영이 어려워지면 근로자를 해고할 수 있나? 116
- 해고예고는 반드시 해야 하나? 117
- 세전급여와 세후급여의 차이점은? 119
- 근로자가 육아휴직을 사용한 경우 어떻게
  처리해야 하나? 121
- 직원 퇴사시 퇴직금 지급 대상요건은? 123
- 퇴직금액은 어떻게 산정되나? 125
- 퇴직금을 미리 정산해도 되나? 127
- 아르바이트생도 퇴직금을 지급해야 하나? 129
- 퇴직연금제도란? 130
- 확정급여형 퇴직연금과 확정기여형 퇴직연금의
  차이점은? 132
- 임금을 상품권 형태로 지급해도 되나? 136
- 직원 귀책시 임금을 지급하지 않는다는 약정은
  유효한가? 137
- 무단 결근·퇴사시에도 월급을 전액 지급해야 하나? 139
- 지각이나 조퇴시 급여를 차감할 수 있나? 140
- 상여금의 차등지급이 가능한가? 142
- 상여금 지급시 이전 퇴사자에게도 지급할 의무가 있나? 143
- 구두로 한 인센티브(상여금) 지급 약속도 효력이 있나? 145

- 비정기적 상여금을 지급하지 않는 경우에 문제가 되나?　146
- 임금명세서는 언제 지급해야하나?　148

제6장　4대 사회보험

- 사회보장제도로서의 사회보험이란?　151
- 국민연금 가입자의 종류는?　152
- 국민연금급여 종류와 내용은?　155
- 국민건강보험 적용대상자는 어떻게 구분하나?　159
- 건강보험급여 종류와 내용은?　161
- 고용보험의 개념과 적용대상자는?　164
- 고용보험의 종류와 내용은?　166
- 산업재해보상보험의 목적과 적용대상자는?　172
- 산재보험급여의 종류와 내용은?　173
- 모든 근로자는 4대보험에 가입해야 하나?　177
- 4대보험의 주체는 어디인가?　178

목 차

제7장 | 사업무관 개인세금 (양도세, 증여세, 상속세)

- 양도소득세 신고대상 거래는? 181
- 양도소득세 계산방법은? 183
- 1세대 1주택 양도시 비과세란? 186
- 양도세 계산시 단독명의와 공동명의의 차이점은? 190
- 부동산 매도가 여러 건일 때 양도세 절세방법은? 191
- 부모와 함께 거주하는 경우에 양도세와 관련된 주의점은? 192
- 양도세 절세에 도움이 되는 영수증은? 193
- 증여세와 상속세는 어떻게 구분하나? 195
- 증여세 과세대상과 납세의무자는? 196
- 증여세 계산방법은? 198
- 자녀에게 세금없이 증여하려면? 201
- 미성년자 명의로 재산취득시 증여세와 관련된 주의점은? 202
- 상속세 계산방법은? 205
- 상속세 절세방법은? 210
- 양도세, 증여세, 상속세 신고·납부기한을 정리하면? 212

제8장 세무대리업무 소개

- 인건비(원천세)의 신고　215
- 직원들의 연말정산　216
- 4대보험 신고　217
- 사업장현황(부가가치세) 신고　218
- 종합소득세(법인세) 신고　219
- 성실신고확인 업무　220
- 개인 재산관련 세무 (양도, 상속, 증여)　221

제1장
개업과정에서의 세무

Q. 개원준비는 어떻게 하나?

병의원 개원 절차

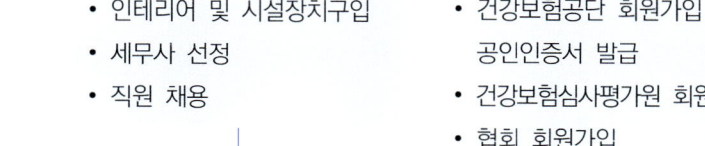
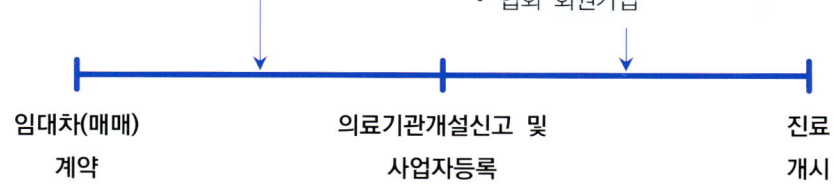

저자는 편의상 개원의 행정적 절차를 크게 3단계로 구분했다. 〈1단계〉 임대차계약, 〈2단계〉 의료기관 개설신고 및 사업자등록, 〈3단계〉 진료개시이다.

〈1단계〉 임대차계약을 마치고 나서는 인테리어업자를 선정하고 시설장치를 구입한다. 그리고 세무사를 미리 선임하고 직원을 고용하면 되는데 세무사를 미리 선임하면 개원절차에 대한 여러 가지 상담 및 조언을 받을 수 있다.

그 다음 〈2단계〉는 의료기관 개설신고 및 사업자등록이다. 인테리어가 완료되면 그 시점에 맞게 보건소에 의료기관 개설신고를 해야한다. 보건소 담당자가 의료법 등에 맞게 인테리어가 되었는지 확인을 한 후 의료기관 개설신고필증을 발급하게 되고, 의료기관 개설신고필증을 통해 사업자등록을 하면 된다. 하지만 사업자등록이 너무 늦게 나오면 여러 가지 개원준비과정에 어려움이 많다. 따라서 **세무사에게 미리 사업자등록증을 발급받아달라고 요청하면 1~2일 이내에 사업자등록증을 교부받을 수 있도록 도와준다.** 가장 이상적인 개원 시기는 인테리어가 완성되고 빠른 시간 내 진료를 시작하는 것이라고 생각한다.

> **● Point!**
> 세무사 선임을 미리하면 개원과정이 수월하다.

Q. 개원준비시 필요한 서류?

개원준비에 필요한 행정업무와 필요서류를 아래 표로 정리했다.

의료기관개설신고는 지역 보건소에서 한다. 담당 공무원과 통화 후 안내 받고 진행하는 것이 좋다. 사업자등록은 세무서에서 하며, 세무대리인에 위임하여 처리하면 편하다. 건강보험공단 회원가입은 과거 공단에 직접 찾아가 처리해야 했지만, 요즘은 홈페이지에서 온라인으로 신청할 수 있다. 일반적으로 건강공단업무와 요양기관지정 업무는 청구프로그램 담당 직원의 도움을 받아 처리한다.

의료기관개설신고	① 의료기관개설 신청서(보건소에 비치) ② 의사(한의사, 치과의사, 약사) 면허증 사본 ③ 건물평면도 및 구조설명서(인테리어 업체) ④ 진료과목 및 진료과목별 시설·정원 등의 개요설명서(보건소에 비치) ⑤ 의료보수표(비급여 항목 신고)
사업자등록	① 사업자등록신청서(관할 세무서) ② 의료기관개설허가서 사본

	③ 주민등록등본 ④ 임대차계약서 사본
건강보험공단 회원가입 및 공인인증서 발급 (관할 건강보험공단)	① 법인용 공인인증서비스 신청서(보험공단) ② 사업자등록증 사본 ③ 대표자신분증 앞/뒤 사본 ④ 대리인신고의 경우(인감증명서 원본 지참)
요양기관지정 (건강보험심사평가원)	건강보험공단에서 발급받은 공인인증서 이용
협회 회원가입 (지역협회)	① 주민등록등본 ② 회원가입 신청(대한한의사협회 홈페이지) ③ 사업자등록증 사본

● Point!

자주 제출하게 되는 자료들은 파일철을 만들어 관리하는 것이 편하다.

중계인 없이 임대차계약을 할 때 조심해야 할 사항은?

개원시 병의원 건물을 임차하여 사용하기로 결정한 경우 직접 건물 소유주 당사자와 계약하게 되며 이와 같은 사례는 적지 않다. 이럴 경우 반드시 아래의 사항을 검토해야 한다.

1. 소유자 확인

계약은 임대인 본인과 직접 하는 것이다. 흔한 일은 아니지만 보증금을 가로채는 사기사례가 있다. 소유자가 맞는지 확인하기 위해서는 소유자의 신분증과 주민등록번호를 확인하고 해당 부동산 등기부등본을 열람[1]하여 계약자가 실소유자가 맞는지 확인해야한다.

---

[1] 법원에 직접방문하지 않고 대법원인터넷등기소 사이트(www.iros.go.kr)에서 등기부등본을 열람할 수 있다.

2. 보증금 회수가능성 판단

흔한 일은 아니지만 계약기간이 끝나고 임대인으로부터 보증금을 돌려받지 못할 수도 있다. 부동산을 매입할 때는 금융기관 등으로부터 담보 대출을 받는 경우가 많은데 금융기관에서는 대출금의 120% 정도 전세권 설정한다. 만약 임대인이 파산하여 부동산이 경매로 넘어갈 경우 매각대금으로 전세권 또는 확정일자를 받은 채권자가 우선으로 변제받을 수 있다. 따라서 등기부등본에 전세권 등이 설정되어 있는지 확인하여 보증금 회수 가능성을 판단해야한다. 전세권이 시세대비 지나치게 높게 계상되어있다면 보증금은 최소화하여 리스크를 낮추자.

3. 기재사항 확인사항

임대차계약서 양식에 적혀있는 빼곡한 글자들은 그 나름대로의 의미가 있다. 그 중 중요하게 살펴볼 것이 있다면 ①임대기간, ②지불방법, ③지불금액, ④인적사항 등이 명확히 기재되어 있는지 확인해야 한다. 병의원은 폐업 확률이 낮기 때문에 임대인 입장에서 매우 선호하는 업종이다. 인테리어 기간 1~2달 정도 임대료 면제 사례도 많으니 계약 전 꼭 요구하길 권한다.

4. 잔금지급 전 확인사항

보증금 전액이 지급되면 그 때부터는 부동산 사용권을 정식으로 취득한 것이 된다. 때문에 그 전까지 건물의 하자가 없는지 반드시 확인하고 수리할 부분이 있으면 수리를 받을 수 있도록 한다. 그리고 이전 임차인의 관리비 등의 정산이 마무리 되어있는지 꼭 확인해야 한다.

> **Point!**
> 공인중개사가 없이 임대차계약시 계약내용을 꼼꼼히 검토하는 것이 좋다.

Q. 중개인의 중개로 임대차계약시 알아두면 좋은 점은?

공인중개사는 거래를 성사시켜야 보수를 받기 때문에 임대인과 임차인의 요구를 상대방에 전달하면서 협상을 진행한다. 따라서 중개인으로부터 임대인의 요구사항을 최대한 명확히 파악하고, 그 외에 얻어낼 수 있는 조건을 중개인에게 많이 제시하는 것이 좋다.

예를 들어 수리 받을 곳이 있으면 수리를 요구하거나 인테리어 기간 동안 월세 면제받거나 원하는 계약기간을 먼저 제시하는 등 필요한 사항을 계약 전 중개인을 통해 요청하고 협상할 수 있도록 하는 것이 좋다.

개원과정에서 지출되는 비용도 경비인정이 되나?

결론부터 이야기하자면 병의원 개원 관련된 지출이라면 개원전 지출금액에 대해서도 필요경비로 인정된다.2)

중개사수수료, 의료기기 또는 비품 구입비 등 개원과 직접적으로 관련된 비용을 경비로 인정받는 데에는 이견이 없을 것이다. 다만 교통비, 식비 등과 같이 개원과 직접적 지출로 보기 애매한 항목에 대해서는 해석의 여지가 있기 때문에 세무대리인의 판단에 따라 필요경비 산입 여부를 결정한다. 그리고 개원과정 지출은 적격증빙 확보를 위해 대표자 본인 계좌와 카드를 꼭 사용하길 권한다.

● Point!
개원준비시 지출내역을 정리해두면 경비반영 누락 확률을 줄일 수 있다.

---

2) 국세청은 관련법을 '사업을 영위하는 거주자가 사업을 개시하기까지 개업준비를 위하여 지출한 비용(자산취득비 및 선급비용은 제외)은 개업비로 처리하고, 사업개시후 당해연도 종료일까지 발생한 비용으로서 당해 과세연도에 귀속되는 비용의 합계액은 사업개시연도의 필요경비에 산입하는 것임(소득46011-370, 1995.02.10.)'이라고 해석하고 있다.

Q. 세금신고시 페이닥터(근로소득자)와 어떤 점이 다른가?

우리나라 소득세는 여러 가지 종류가 있다. 그 중 개원의 소득은 사업소득이고, 병의원에 소속되어 월급을 받는 경우는 근로소득이다. 사업소득과 근로소득의 가장 큰 차이점은 사업소득자들은 직접 세무서에 이익과 세금을 계산하여 신고(종합소득세신고)하고 납부해야 하지만 근로소득자들은 월급을 지급하는 병원에서 세금을 정산(연말정산)하기 때문에 세무서에 신고할 것이 없다는 점이다.

만약 급여를 받다가 개업한 경우 한 해에 근로소득과 사업소득이 둘 다 발생한다. 이 경우 종합소득세 신고를 해야 하되 근무했던 곳에서 발생한 근로소득과 합산하여 신고해야 한다. 합산하기 위해서는 전 근무지의 원천징수영수증(근로소득 지급명세서)이 필요하며 귀속연도 다음달 3월 중순 이후 홈택스에서 직접 조회가 가능하다.

구 분	사업소득자(개원의)	근로소득자(페이닥터)
신고주체	소득자 본인	소속된 병원이나 기관
신고항목	• 부가가치세신고(과세사업자) • 사업자현황신고(면세사업자) • 직원 인건비 신고 • 종합소득세 신고 • 기타 4대보험 신고 등	연말정산
절세항목	사업과 관련한 모든 지출	• 보험료 • 의료비 • 교육비 • 기부금 등
소득세신고	종합소득세신고(5, 6월)	연말정산(2월)

Point!

사업소득자는 근로소득자에 비해 세금에 대한 관심을 더 가져야 절세할 수 있는 범위가 커진다.

Q. 사업자등록증 미리 발급받기

사업자등록증은 병의원 소재 세무서에서 교부한다. 인터넷으로 "○○동 세무서"로 검색하면 관할 세무서가 검색되는데 해당세무서가 아닌 다른 세무서에서도 사업자등록증을 발급받을 수 있다(이 경우 처리기간이 관할 세무서에 비해 하루정도 더 걸릴 수 있다).

원칙적으로 사업자등록증을 발급받기 위해서는 다음의 다섯가지 서류를 지참하여 세무서에 찾아가면 된다. 만약 신청자가 본인이 아닌 경우 신청자의 신분증과 위임장도 추가로 가져가야 한다.

① 사업자등록신청서(세무서에 비치된 서류)
② 대표자 신분증
③ 임대차계약서
④ 의사면허증(치과의사, 한의사, 수의사 등)
⑤ 의료기관 개설신고증명서(보건소 발급)

그런데 ⑤의료기관 개설신고증명서는 인테리어 공사가 모두 끝나서 진료를 개시할 수 있는 상태가 되어야 보건소에서 발급해 준다. 즉, 개원 직전에 교부받을 수 있는 서류다.

하지만 ⑤의료기관 개설신고증명서를 교부받기 전에 ⓐ사업계획서, ⓑ의료기관 개설신고서 신고 접수증 등을 통해 사업자등록을 미리 발급받을 수도 있다. 물론 위와 같은 사업자등록 절차를 모두 대표자가 직접 수행할 필요는 없다. 세무사에게 위임하면 1~2일이면 교부받을 수 있다.

● *Point!*
신속한 개원절차를 위해 세무대리인 선임은 빠를수록 좋다.

Q. 동업시 유의사항은?

요즘 병의원들은 대형화, 전문화되고 이에 따라 공동개원을 하는 사례가 늘고 있다. 대표자가 2인 이상인 사업장을 '공동사업자'라 한다. 병의원에서 발생한 이익을 공동대표들이 손익분배비율(지분율)대로 나누는 구조이다. 병의원 동업을 할 경우 분쟁을 해소하기 위한 유의사항은 다음과 같다.

1. 이익분배 문제

이익은 수입금액(매출)에서 각종 운영경비를 차감한 나머지 금액을 의미한다. 통상 이 금액을 공동대표가 나눠 갖게 되는데 출자금액, 매출기여도 등에 따라 합리적으로 이익을 나눠야 한다. 공동사업장에서 가장 큰 분쟁사유가 되는 부분이므로 개원 전부터 철저하게 협의해야한다.

2. 운영경비사용 문제

공동개원시 대개 공통 병원경비는 하나의 사업용계좌에 넣어두고 각자 사용하고 개인 운영경비는 각자의 계좌에서 사용한다. 지출되는 대표적인 항목으로는 식비, 교통비, 통신비 등이다. 이때 운영경비를 누가 더 많이 사용했는지 민감한 문제가 될 수 있으므로 대표자별 기준금액을 정해놓고 사용하는 것이 좋다.

3. 세금납부액 문제

운영경비는 병의원 운영자금에서 한꺼번에 납부하는 경우가 더러 있는데 소득세는 각자 개인이 납부하는 것이 좋다. 소득세액은 대표자들의 소득공제액, 부수입 여부 등에 따라 대표자별 차이가 많이 발생할 수 있기 때문이다.

> **Point!**
> 세금에 대한 정보는 공동대표자 모두가 공평하게 알 수 있는 시스템을 만드는 것이 좋다.

과세사업자와 면세사업자의 차이점은?

미용목적 등의 진료는 부가가치세가 과세되는 용역으로 분류된다. 따라서 성형외과와 피부과뿐 아니라 치과의원, 한의원 등도 면세사업자가 아닌 과세사업자로 사업자등록을 하는 경우가 많이 늘고 있다. 과세사업자와 면세사업자 모두 종합소득세 신고방법은 동일하고 부가가치세 신고의무 유무만 다르다.

그리고 의약외품 등 과세물품을 판매하고 미용목적 과세 용역제공을 일부한다고 해서 무조건 과세사업자로 등록 및 변경할 필요는 없다.[3]

과세사업자와 면세사업자의 세무신고 차이

구분	과세사업자	면세사업자
신고일자	매년 1월, 7월 25일(2회)	매년 2월 10일(1회)
주요신고서	부가가치세신고서	사업장현황신고서

---

[3] 부가가치세법에서는 주된 재화 또는 용역의 공급에 부수되어 공급되는 거래는 주된 재화 또는 용역의 공급에 포함되는 것으로 보고 있다.(부가가치세법 제14조)

구분	과세사업자	면세사업자
부속신고서	• 세금계산서합계표 • 계산서합계표 • 신용카드매출전표등수령명세서 • 신용카드매출전표등발행집계표 등	• 세금계산서합계표 • 계산서합계표 • 의료업자수입금액검토표 • 해당병과수입금액검토부표 등

● Point!

부가가치세 과세 진료비중이 높지 않으면 면세사업자로 개업하는 것이 세금 측면에서 유리하다.

Q. 사업용카드 등록하기

국세청에서 운영하는 홈택스(hometax.go.kr)에 사업용으로 사용하는 신용(체크)카드를 등록할 수 있다. 대표자 명의 카드만 등록가능하며 등록한 카드의 사용내역은 홈택스 전산에 분기별 사용내역이 기록되고 제공된다.

병의원 사업용카드를 꼭 등록해야하는지에 대해서는 세무대리인마다 이견이 있다. 필자는 등록하는 것이 훨씬 유리하다는 판단이다. 국세청 집계에 카드사용금액이 높을수록 소득율 관리에 유리하기 때문이다.

Point!
절세를 위해서 홈택스 사업용카드 등록은 꼭 해야한다.

사업용계좌를 사용해야 하는 이유

사업용 계좌는 개인사업자가 사업을 영위함에 있어 사용해야 하는 계좌를 말한다. 사업용 계좌를 구분하는 이유는 사적사용 계좌를 구분함으로서 명확한 세원포착을 가능하게 하는데 목적에 있다. 병의원 업종은 수입금액과 관련없이 사업용계좌를 의무적으로 세무서에 신고하고 사용해야 한다.

사업용 계좌 의무사용 대상 거래

비용의 지급	인건비, 매입비용, 임차료 지급, 4대보험의 지급, 사업과 관련한 전력비·수도·통신요금, 기타 병의원관리비
거래에 대한 수금	진료비의 수금

사업용 계좌를 이용하지 않은 지출은 비용도 사업관련 지출이라면 비용으로 인정받을 수 있지만 거래금액의 0.2%의 가산세 대상이 된다. 따라서 사업용 계좌를 반드시 사용할 것을 권장한다.

● Point!
불가피한 경우를 제외하고 사업용 계좌로 등록된 계좌를 이용하는 것이 좋다.

Q. 상가분양(매입) 또는 임차시 세무상 차이점은?

대부분 병의원이 개원을 하면서 임대차계약을 한다. 하지만 안정적인 운영 등을 목적으로 담보대출을 이용해 상가를 매입하는 경우도 많다. 상가를 매입하는 경우와 임차하는 경우 세무상 차이점은 아래와 같다.

일반적으로 매입하는 경우 해당 건물을 담보 설정하여 대출을 받는다. 대출금액에 대한 이자비용은 사업용으로 보기 때문에 경비처리가 가능하다. 종합소득세 신고시 연간 이자비용 내역서를 해당 금융기관으로부터 발급받아 해당 금액을 경비처리한다. 반면 임차시 임대인으로부터 세금계산서 등의 영수증을 교부받아 임차료를 경비처리한다.

구분	매입	임차
경비처리 대상	이자비용	임차료
장점	임차료 절약	큰 돈이 필요 없음
단점	이전이 어려움	임대인과의 관계

매입하는 경우 임대인 간의 갈등이 존재하지 않아 병의원을 오랜기간 안정적으로 운영할 수 있다. 반면 이전이 어렵고 많은 자금이 필요하다. 건물을 매입할지 임대차계약을 할지에 대한 문제는 위치, 자금, 투자목적, 병원이전계획 등 여러 가지 사실을 종합적으로 판단해야 할 사항이다.

Point!
임차시 임차료를, 매입시에는 대출 이자비용을 경비처리 할 수 있다.

Q. 상가건물을 임차할 경우 신경 써야 할 점은?

자리선정은 경험과 현장 조사 등 가능한 많은 정보를 수집해야 한다. 그리고 건물의 하자여부를 보고 기존 임차인이 있는 경우(특히 기존 병의원을 양수하는 경우)는 권리금액의 타당성, 양수받을 비품 등을 꼼꼼하게 따져보아야 한다. 그리고 해당 건물의 소유권 및 담보권 설정 여부를 검토하여 보증금을 회수가능성을 잘 판단해야 한다.

1. 임대차계약기간

임대차계약기간은 2년 이상 설정하고 계약한다. 최초 임대차계약시 설정한 기간이 끝나면 임대차계약을 갱신하게 되는데 이 때 임차료를 올려서 받는 경우가 많다. 이런 이유 때문에 임대차계약기간을 길게 설정하는게 좋을 수 있다. 하지만 계약기간이 끝나기 전에 폐업하고자 할 때는 다음 임차인을 구할 때까지 임차료를 계속 납부해야 하는 의무를 갖는다.

2. 상가임대차보호법상 임차인보호

상가임대차보호법에 따라 최초 계약일로부터 5년간은 임차인의 의사에 따라 계약을 갱신할 수 있도록 규정하고 있다. 즉 임차를 받은 날로부터 5년까지는 계속 사용할 수 있는 권리가 있다. 그리고 임대인이 계약이 끝나기 6개월~1개월까지 임차인에 대해 갱신거절의 통지를 하지 않으면 그 기간이 만료된 때에 전임대차와 동일한 조건으로 다시 계약한 것으로 본다.

3. 관리금 및 제세공과금

대부분 건물 관리금을 임대료와 별도로 낸다. 관리금의 명목으로 별도 수익을 창출하려는 임대인도 있으니 관리금이 얼마나 발생하는지 반드시 확인해야 한다. 그리고 규모가 큰 상가는 교통유발부담금이라는 지방세가 발생하는데 건물소유주가 납세의무자지만 통상적으로 임차인에게 전가하는 경우도 많다. 임대차계약시 명확히 해놓는 것이 좋다.

> **Point!**
> 병의원의 안정적인 운영을 위해 임대차계약기간을 길게 설정하는 것이 전반적으로 유리할 수 있다.

제2장
절세를 위한 비용관리

Q. 적격증빙이란?

사업과 관련한 지출을 신고서상 필요경비에 산입하기 위해서는 세법에 따른 적격증빙을 수취해야한다. 관련법에서 열거하는 적격증빙이란 부가가치세법에 따른 세금계산서, 계산서뿐 아니라 체크 또는 신용카드 영수증, 현금영수증 등이다. 과거 위의 증빙들을 모두 모아 정리해야했지만 요즘은 전산으로 집계가 되기 때문에 간편해졌다.

적격증빙 종류 및 수취방법

구분	수취방법
인건비	인건비(원천세) 신고
신용 또는 체크카드	홈택스에 카드를 등록하면 분기별 자동 집계
(세금)계산서	• 전자 발행분은 전산에 자동집계 • 수기 발행분은 잘 모아둬야 함
현금영수증(지출증빙용)	자동 집계

● Point!
지출시 카드가 아닌 현금을 사용한다면 반드시 세금계산서나 현금영수증을 수취해야한다.

# 적격증빙을 제때 받지 않는 경우 문제점은?

매입 거래시 대금 지불여부와 상관없이 세금계산서 등 적격영수증을 받아야 한다. 세법에서는 영수증 수취를 뒤늦게 한 경우 발행자와 수취자 모두에게 가산세를 과세할 수 있도록 규정한다. 따라서 영수증은 제때 받는 것이 좋으며 혹시 뒤늦게 받더라도 영수증 수취시점과 영수증상 발행일자가 동일하게 기재된 영수증을 받아야 불이익이 없다.

Point!
거래에 따른 대금지출을 했다면 적격증빙을 받았는지 반드시 확인하자.

세금계산서와 카드영수증 중 어떤 영수증 수취가 유리한가?

세법상 세금계산서와 카드결제 모두 적격증빙으로 규정하고 있어 이론적으로는 구분의 실익이 없다. 따라서 결제가 편리하고 카드사로부터 혜택도 받을 수 있는 카드결제를 더 선호한다.

하지만 저자는 세무 리스크 관리 측면에서는 가급적 세금계산서 받는 것을 권한다. 국세청에서 지출을 분석할 때 세금계산서 매입을 카드매입보다 업무관련성이 높다고 판단하기 때문이다.

Point!
사소한 금액이 아니라면 가급적 카드보다 세금계산서 수취하는게 좋다.

Q. 현금영수증 수취시 주의할 점은?

현금영수증은 두 가지 종류가 있다. 첫번째는 소득공제용, 두번째는 지출증빙용이다.

소득공제용 현금영수증은 주민등록번호로 관리되며 근로소득자의 소득공제용으로 사용된다. 지출증빙용 현금영수증은 사업자등록번호로 관리되어 사업자의 필요경비처리에 사용한다. 따라서 개업한 병의원의 대표자라면 **지출증빙용 현금영수증을 받아야만 효과가 있다.**

Point!
현금영수증 받을 때에는 반드시 사업자등록번호를 알려주고 지출증빙용 현금영수증을 받자!

영수증을 모을 필요가 없는 이유

과거 2011년 이전에는 카드를 사용했더라도 영수증을 일일이 모아 놨다가 영수증 풀칠을 하며 정리했었다. 이 과정에서 영수증 분실이 되기도 하고 입력을 누락하는 실수도 빈번했다. 하지만 관련법 개정(법인세법 시행령 제158조 제4항)으로 건별 카드영수증을 수취할 필요 없이 월별 사용내역을 적격증빙으로 인정하기 시작했다. 그리고 국세청에서 운영하는 홈택스에서는 등록된 카드에 한해 사용내역을 여신금융협회로부터 전달받아 제공한다. 이렇게 세무행정이 발전함에 따라 병의원에서는 영수증을 수취할 필요가 없어졌고, 세무대리인은 영수증 입력의 누락 여지가 없어졌다.

● Point!
절세를 위해 카드사용을 생활화하자!

거래처가 정상적인 사업자인지 확인하는 방법은?

거래처가 정상적인 영업을 하고 있는지를 확인하는 방법은 많지 않다. 다만 사업자등록번호를 알고 있는 경우 현시점의 사업자 상태를 조회하는 방법은 있다. 홈택스에 접속해 [조회/발급] - [사업자등록상태조회] 메뉴를 누르면 사업자등록번호 10자리를 입력할 수 있는데, 조회하면 해당 사업자가 휴업 또는 폐업을 하고 있는지, 어떤 유형(과세, 면세 등)인지를 확인할 수 있다.

하지만 주의할 점은 해당 사업자의 개업일자, 실적, 체납 등 상세한 정보는 알 수 없고, 오로지 조회시점의 사업자 유형과 휴·폐업 여부만 알 수 있다는 점을 상기해야 한다.

● Point!
거래처가 의심스러우면 사업자등록번호를 통해 사업자유형을 조회해야 한다.

가짜 세금계산서(또는 계산서) 구입시 리스크는?

과거에는 업종 불문하고 드러나지 않는 매출 즉, 현금매출이 많았다. 타 업종에 비해 매출이 잘 드러나는 병의원에서는 세금을 줄이기 위해 여러 사업자로부터 매입자료를 구입하기도 했는데 요즘은 이런 거래행위에 대한 리스크가 크다

만약 구입한 (세금)계산서가 허위로 밝혀질 경우 세법상 패널티가 큰데 세금계산서 수취불이행에 대한 가산세, 세금신고를 수정함에 따른 세액추징액, 과소신고가산세, 납부불성실 가산세 등을 부과받을 수 있다. 결과적으로 허위금액과 맞먹거나 그 이상의 세금추징이 이뤄질 수 있다.

●Point!
신뢰할 수 없는 거래처로부터의 가짜 영수증 수취는 큰 불이익을 받을 수 있다.

전자세금계산서와 일반세금계산서의 차이점은?

전자세금계산서란 기존의 세금계산서 발급에서 전자적 방법으로 세금계산서를 작성 및 발급(전자서명)하고 그 발급 명세를 국세청에 전송하는 제도다. 법인사업자나 일정 매출규모 이상의 개인사업자는 세금계산서를 무조건 전자로 발행하도록 강제하고 있다.[4] 따라서 요즘 병의원의 대부분 매입거래는 세금계산서를 전자로 발행받는다. 전자세금계산서가 종이로 발행한 세금계산서와 가장 다른 점은 발행과 동시에 국세청에 통보·관리된다는 점이다. 따라서 수취여부를 국세청 전산을 통해 확인이 가능하다. 수취자 입장에서 영수증을 과거처럼 일일이 모으지 않아도 되는 편리함이 있지만, 간혹 영수증 발행여부를 체크하지 못하는 경우도 발생한다. 따라서 매입거래에 따른 전자세금계산서 발급되었는지를 꼭 확인해야한다.

---

4) 전자 (세금)계산서 의무발행 대상자

유형	직전연도 매출
의료법인	전체
개인사업자	1억원 이상

전자 세금계산서를 홈택스에서 조회하기 위해서는 홈택스에 접속한 후 [조회/발급] - [전자세금계산서] 메뉴에서 확인 할 수 있다.

● Point!

매입거래시 전자세금계산서가 제대로 들어왔는지 반드시 체크해야한다.

차 구입 방법의 장단점은?
(일시불, 할부, 리스, 렌탈)

과거 병의원의 부족한 경비를 충당하는 가장 좋은 방법이 자동차 구입이었다. 그리고 차를 구입할 때 리스나 렌트 등 구입방법을 비교하여 절세혜택을 따지기도 했다. 하지만 임직원특약보험 의무가입 도입으로 사업장당 2대 이상의 차량을 경비처리하기 어려워졌고, 차량당 연간 1,500만원 이상의 경비처리 또한 쉽지 않아졌다. 개정된 세법에 따르면 일시불, 할부, 리스, 렌탈 등 구입방법에 따른 절세효과 분석은 무의미해졌다.

결론적으로 자금순환 계획, 명의에 따른 차량관리, 차량 교체주기 등 세금 외적인 부분만을 고려하여 구입방식을 결정하는 것이 좋다.

Point!
구입방식에 따른 절세효과 차이는 거의 없다.

차량 및 차량유지비는 얼마까지 인정받는가?

취득 및 유지비용 처리시 한도를 규정받는 차량과 규정받지 않는 차량으로 나뉜다. 한도 없이 전액 경비처리가 가능한 차량은 영업용(노란색 번호판) 차량, 화물차, 9인 이상 승합차, 1,000cc 미만의 경차다. 위 차량은 차량대수와 상관없이 업무용으로 사용한다면 전액 경비처리가 가능하다.

그 외의 일반적인 승용차(SUV 포함)들은 경비처리 규정을 적용받는다. 첫째, 병의원당 1대만 인정가능하고 2대부터는 임직원 특약보험을 가입해야한다. 둘째, 1대당 1,500만원까지(감가상각 등 차량취득관련 비용은 800만원)만 경비인정 가능하다. 셋째, 처분시 세금계산서를 발행해야하고 장부가액과의 차이만큼 처분이익(손실)을 계상해야 한다.

●Point!
예전처럼 승용차 구입으로 인한 절세혜택은 얻기 어렵다.

가족이 근무시 인건비 신고는 하는 것이 좋은가?

세무조사시 직원별 업무분장표를 요구받는데 이유는 허위 인건비신고를 확인하기 위해서다. 부족한 경비를 충당하기 위해 일하지 않는 가족들을 인건비 신고한다면 조사시 추징 1순위다. 하지만 가족이 실제 사업장에 출근하여 업무를 한다면 인건비신고를 안 할 이유가 없다. 다만 액수를 과도하게 계상하지 않으면 된다.

● Point!

실제 근무하고 있다면 가족들도 인건비 신고할 수 있다.

 **집 담보대출과 신용대출 중 무엇부터 갚는 것이 유리한가?**

일반적으로 개업시 개업자금 또는 운영시 운전자금 마련을 위해 원장 개인의 신용이나 재산을 담보로 대출을 받아 사용한다. 이 경우 이자상당액은 경비처리 대상이 된다. 추후 이익이 생겨 대출을 상환할 경우에는 경험적으로 집 담보대출 먼저 상환하는 것이 좋았다.

세무조사시 닥터론 등 신용대출에 비해 담보대출의 이자에 대해 문제 제기하는 경우가 많다. 담보대출은 취지상 병의원 개업 및 운영자금 목적이라기보다 해당 부동산을 취득하기 위한 성격이 강하기 때문이다. 이 경우 해당 대출금이 병의원 개업 및 운영에 사용되었다는 사실을 입증해야한다.

Point!
개원의는 신용대출을 잘 활용해야한다.

Q 직원 복리후생 목적으로 상품권 이용하기

휴가나 명절 때 직원에게 급여 외 보상금을 지급하는 경우가 많다. 현금으로 지급하고 이를 인건비 처리하지 않는 경우 병의원의 경비로 인정받지 못하고, 인건비 처리하는 경우 4대보험료로 함께 떠안게 되기 때문에 부담이 크다.

상품권을 지급하는 방법을 통해 이와같은 문제해결이 가능하다. 상품권 구입결제 가능한 사업용 카드를 발급받은 후 상품권을 구입하여 카드사용내역을 통해 지출영수증을 확보한다. 그리고 직원에게 상품권을 지급하고 따로 인건비 신고를 하지 않으면 추가되는 4대보험료 등이 없다.[5] 그러나 상품권 구입 금액은 복리후생비로 계상되기 때문에 병의원 전체 인건비의 20%를 넘지 않는 것이 좋다.

● Point!
상품권 구입시 지출증빙을 위해 카드로 구입하길 권한다.

---

[5] 상품권을 지급했을 경우 해당 금액만큼 인건비 신고를 해야하지만(소득, 서면인터넷방문상담1팀-118, 2007.01.19.) 실무적으로는 잘 이행하지 않는다.

감가상각비용 이용하기

사업용 지출을 할 경우 당기 비용처리되거나 자산으로 계상되어 5년간 감가상각을 통해 경비처리된다. 감가상각비는 경비 반영시점을 정할 수 있는 유일한 경비항목이다.

통상적으로 병의원은 초기에 이익이 적고 자리를 잡으며 이익이 늘어난다. 이익이 높을수록 세율도 높아지기 때문에 이익이 높은 구간에서 감가상각비용을 사용하는 것이 절세측면에서 유리하다. 따라서 개원 초기에 발생하는 인테리어, 의료기기 등 자산의 감가상각비를 아끼고 이후 감가상각비를 계상하는 것이 절세에 좋다.

● Point!
절세계획은 개원초기부터 세우는게 가장 효과적이다.

기부금도 경비처리가 되나?

사업소득자는 원칙적으로 사업과 관련 없는 지출에 대해 공제 받거나 필요경비로 산입할 수 없다. 하지만 기부문화 활성화를 위해 기부금은 예외적으로 필요경비로 인정해 주고 있으며 그 대상금액은 아래와 같다.

기부단체 구분	대상금액	비고
종교단체	소득금액의 10%	-
종교단체 외 지정기부금 단체	소득금액의 30%	-
국가 등 법정기부금단체	소득금액의 100%	-
정당, 정치후원회, 선거관리위원회	소득금액의 100%	10만원까지는 전액 세액공제, 나머지 금액은 전액 필요경비

※ 위 대상금액은 논의의 편의를 위한 기술이며, 이월결손금 유무 등에 따라 약간의 차이가 있을 수 있음.

제3장
절세를 위한 세액공제

통합투자세액공제

통합투자세액공제는 개원시 기본적으로 검토하고 반영하는 세액공제다. 의료기기(중고품 제외)를 구입하면 구입액의 10%(중소기업기준)를 감면한다.

하지만 이 세액공제는 수도권과밀억제권역 외의 지역에서의 투자만 가능하고, 수도권과밀억제권역6) 내의 병의원은 기존 의료기기를 신규로 대체한 경우에만 해당한다.

주의할 점은 세액공제액의 20%가 농어촌특별세로 부과되고 공제받은 후 해당 의료기기를 2년 이내 매각하면 공제액이 추징된다는 점이다.

> **• Point!**
> 의료기기를 새로 구입했다면 반드시 통합투자세액공제를 검토해야한다.

---

6) 수도권과밀억제권역이란?
　① 서울특별시
　② 인천광역시(일부지역 제외)
　③ 의정부시, 구리시, 남양주시(일부지역 제외), 하남시, 고양시, 수원시, 성남시, 안양시, 부천시, 광명시, 과천시, 의왕시, 군포시, 시흥시(반월특수지역 제외)

고용증대세액공제

세액공제액이 매우 크고 대부분의 병의원이 적용 가능하기 때문에 반드시 반영여부를 검토해야하는 항목이다. 전년도에 고용한 직원 대비 증가한 직원 수를 월할계산하여 산출한다. 사업장 소재지와 직원구분(청년여부 등)에 따라 공제하는 금액에 차이가 있다.

병의원 고용증대세액 공제금액(중소기업 기준)

구 분	수도권	그 외 지역
일반근로자	700만원	770만원
청년, 장애인, 60세 이상	1,100만원	1,200만원

세액공제 받은 해로부터 2년 이내 고용인원이 감소한 경우 그 인원비율만큼 추징세액이 발생하기 때문에 일시적으로 고용인원이 증가한 경우인지 확인 후 공제여부를 판단하는 것이 좋다.

● **Point!**
고용증대세액공제는 개원시 반드시 우선적으로 반영해야하는 세액공제다.

 **사회보험세액공제**

사회보험세액공제는 상시근로자 수가 직전 과세연도의 상시근로자 수보다 증가한 경우 적용가능하며 공제금액은 아래와 같다.

공제 기간 동안 상시근로자 수가 감소하는 경우 공제받은 세액이 추징될 수 있다는 점은 주의해야 한다.

구 분	공제금액
청년 및 경력단절 여성직원	증가인원의 사회보험료 부담금액×100%
그 외 직원	증가인원의 사회보험료 부담금액×50%

● *Point!*
개업 또는 직원수 증가시 사회보험세액공제 반영을 검토해야 한다.

중소기업특별세액감면

중소기업특별세액공제는 비보험매출 비율과 매출 규모가 작은 병의원이 반영 가능한 공제항목이다.

요건은 전체 매출의 80% 이상이 요양급여고, 종합소득금액이 1억원 이하인 경우에 해당한다. 소득금액의 10%가 감면 가능하지만 '1억원 - (감소한 상시 근로자수 × 500만원)' 한도가 적용된다.

Point!
보험진료 위주 작은 규모 의원이라면 중소기업특별세액감면을 검토한다.

# 절세금융상품

대출을 받을 때 은행에서 혹은 개원 후 보험병의원에서 보험가입 등의 영업권유를 많이 받게 된다. 원장님이 기억해야 할 절세상품은 딱 두가지, 소기업소상공인공제부금(노란우산공제)과 퇴직연금보험이다.

구분	소기업소상공인공제부금 (노란우산공제)	퇴직연금보험
공제혜택	불입금액 전액 소득공제 (한도 250만원/연)	불입금액의 12% 세액공제 (한도 700만원/연)
가입방법	은행 또는 중소기업중앙회	은행 또는 보험병의원
수급방법	휴업 또는 폐업	만 55세 이상

● **Point!**
노란우산공제와 퇴직연금보험 외의 대부분 금융상품은 병의원 소득세 절세와 관계없다.

교육비·의료비 세액공제

근로소득자는 연말정산시 보험료, 교육비, 의료비 등의 세액공제를 받는다(소득세법 제59조의4). 하지만 사업소득자는 원칙적으로 사업과 관련 없는 지출인 보험료, 교육비, 의료비 등에 대해서는 공제받지 못한다. 하지만 성실신고확인 대상자는 교육비와 의료비를 세액공제 받을 수 있는데(조세특례제한법 제122조의3) 그 대상금액은 아래 표와 같다.

구분	공제대상 및 한도	세액공제율
교육비	• 본인 및 가족이 교육기관에 지출하는 교육비 • 본인을 위한 교육비 지출에는 한도가 없고 부양가족을 위한 지출은 고등학교까지는 연 300만원, 대학교는 연 900만원 한도	15%
의료비	• 본인 및 가족이 질병 치료를 위해 지출하는 의료비소서 소득금액의 3%를 초과하는 금액 • 본인을 위한 의료비 지출에는 한도가 없고 부양가족을 위한 지출은 연 700만원 한도	15% (난임시술비는 20%)

※ 세액공제액의 20%는 농어촌특별세 과세

제4장
안정적인 세금관리

성실신고확인대상자란?

연매출 5억원 이상의 개인 병의원 사업장은 성실신고확인대상자로서 종합소득세신고 의무를 갖는다. 과세당국에서 모든 개인사업자에 세무조사 할 역량이 되지 않기에 세무사 등으로부터 성실신고 여부를 확인받아 성실한 세금신고를 유도하기 위한 취지로 만들어졌다. 불성실 신고사실이 밝혀지면 그 책임이 세무사 등에게 전가될 수 있기 때문에 납세자뿐 아니라 세무사에게도 부담스러운 제도다.

성실신고대상자로 선정되면 종합소득세 신고기간이 5월이 아닌 6월로 변경되고, 세무사 등에게 지불하는 성실신고확인수수료의 60%를 120만원 한도로 세액공제 가능하다. 그리고 사업과 관련 없는 지출인 의료비와 교육비의 일정한 금액을 세액공제해 준다.

Q. 성실신고확인대상시 세금이 늘어난다?

이론적으로는 성실신고확인 대상이 되었다고 해서 그렇지 않은 사업자보다 세금이 늘어나지 않는다. 오히려 일반 사업자에게는 적용하지 못하는 교육비 공제와 의료비 공제가 가능하기 때문에 더 세금이 줄어들 수 있다.

하지만 성실신고확인대상자가 세금을 더 많이 낸다고 느끼는 이유는 다음과 같다. 일반적으로 기장대리 및 세무조정을 맡는 세무사가 성실신고확인업무도 함께 한다. 세무업무에 문제가 적발될 경우 담당 세무사에게도 책임이 뒤따르기 때문에 수입금액 및 비용의 적정설을 기장단계에서부터 적극적으로 검토해야하는 유인이 발생하는 것이다. 따라서 이익으로 신고하는 금액이 늘어날 수 있다.

● Point!
성실신고확인 대상자가 되었다고 해서 세금이 과도하게 증가하는 것은 아니다.

Q. 매출액 적정하게 신고하기

병의원의 세금관리는 매출액을 정확하게 신고하는데서부터 출발한다. 병의원에서 사용하는 청구프로그램에서의 수입금액은 청구액 기준이고 비보험매출도 실제와 다른 경우가 많다. 따라서 프로그램상 결산자료를 참고하되 그 내용이 신고서에 그대로 반영되어서는 안된다.

병의원 매출은 진료유형에 따라, 그리고 수납방법에 따라 구분하여 분석해야한다. 진료유형은 보험매출과 비보험매출이 있는데 보험매출은 건강보험공단 사이트에서 결정액 기준으로 집계해야 한다. 비보험매출은 병의원 자료를 참고한다. 수납방법에 따라서는 카드, 현금영수증 등 노출되는 매출과 현금, 계좌이체 등 비노출 매출로 나뉜다. 보험매출의 자기부담분 금액과 비보험매출 총액의 합계액이 카드 등 노출되는 매출보다 무조건 커야한다. 이보다 낮게 수입금액을 계상하면 매출누락 혐의를 받을 수 있다.

병의원 매출구성

구 분		내 용
진료 유형별 매출	① 요양급여, 의료급여	건강보험공단에서 지급되는 진료비
	② 기타보험매출 (자동차 보험 청구 등)	교통사고 환자 등 손해보험에서 지급되는 보험급여
	③ 비보험매출	
수납별 매출	① 신용(체크)카드 매출	카드 단말기 또는 국세청 전산으로 노출되는 매출
	② 현금영수증 발행분 매출	
	③ 현금 등 매출	

● Point!

실제보다 매출이 과도하게 신고되지 않도록 확인해야 한다.

Q. 소득율 관리

소득율이란 매출대비 신고하는 이익의 비율을 의미한다. 90년대 초반까지는 업종별 소득율을 정해놓고 그 이상만 신고해도 세무상 큰 문제는 없었다고 한다. 요즘은 과거처럼 과세당국에서 소득율만으로 성실신고 여부를 판단하지 않지만 소득율을 중요한 지표로 여전히 활용하고 있다.

실제로 세무조사에 선정되거나 불성실 신고혐의로 소명자료 요구받는 병의원들 분석결과 ①소득율이 동일병과에 비해 낮거나 ②특정 연도 소득율이 일시적으로 낮았던 때가 많았다.

바람직한 소득세신고 검토표

연도	(A) 매출액	(B) 신고 소득금액	(C) 신고 소득율	(D) 업종평균 소득율	(C)÷(D)
20×1					
20×2					
20×3					

바람직한 경비율 검토표

구분	주요경비			기타경비	계
	인건비	재료비	임차료		
금액					
비율					

하지만 소득율이 평균보다 낮다고 무조건 리스크가 높은 것은 아니다. 과세당국에서는 사업관련성이 매우 높은 경비로서 인건비, 재료비, 임차료 등을 주요 경비로 보고 그 외의 경비를 기타경비로 구분한다. 주요경비 비중이 전체 경비의 50%(병과마다 차이있음)가 넘으면 소득율이 낮더라도 리스크가 매우 적다고 판단할 수 있다.

● **Point!**
세금 리스크를 줄이기 위한 소득율 관리는 여전히 중요하다.

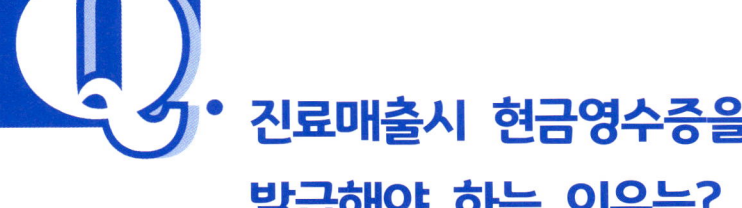 진료매출시 현금영수증을 발급해야 하는 이유는?

병의원 매출은 급여진료 매출과 비급여진료 매출로 나뉜다. 급여매출은 심사평가원을 거쳐 건강보험공단에서 지급되기 때문에 공단자료 협조를 받은 국세청이 파악할 수 있는 매출이다. 하지만 비급여매출은 현금으로 결제하는 경우 국세청에서 파악하기 어렵다. 과거 세무조사시 병의원 매출누락을 판단하기 위해 매입한 의료용품(한의원은 한약재) 등을 조사하여 마진율만큼 매출액을 추정하기도 했다.

과세당국은 매출누락을 막기위해 10만원 이상 결제시 현금영수증을 의무로 발행해야하는 제도를 만들었고 해당업종에 병의원을 포함시켰다.[7] 그리고 제도 정착을 위해 현금영수증 의무 발행하지 않는 사업장을 신고한 경우 신고자에게 포상금을 지급하고 있다.

신고자는 해당 병의원에서 진료기록과 함께 지출내역 증거자료를 수집하고 국세청에서 운영하는 홈택스의 [현금영수증 민원신고] - [현금영수

---

7) 소득세법 시행령 별표 3의3에서는 현금영수증 의무발행업종을 열거하고 있는데 제도 초기부터 모든 병의원은 대상업종에 포함되었다.

증 미발급] 메뉴에 들어가서 손쉽게 신고할 수 있다. 신고자는 해당금액의 20% 정도를 포상금으로 받을 수 있다(건당 50만원, 연간 200만원 한도).

> **Point!**
> 현금영수증 미발행에 대한 패널티가 워낙 크기 때문에, 가급적 현금영수증을 의무적으로 발행하는 것이 좋다.

Q. 현금영수증을 발급하지 않을 경우의 불이익은?

2018년 12월 31일 이전 거래에 대한 현금영수증 의무발행 위반에 대해서는 거래금액의 50%를 과태료로 처분받는다. 2019년 1월 1일 이후부터는 미발행 금액의 20%가 가산세부과 처분을 받게 된다. 하지만 이미 세금 신고를 마친 과세기간에 대해 위반사실이 적발되었다면 매출액 과소신고분에 대한 소득세, 가산세 등의 추가 처분을 피할 수 없기 때문에 위반 거래금액 이상의 불이익이 발생할 수 있다.

Point!
만약 환자가 현금영수증 발급을 거부한다면 국세청 지정코드인 010-0000-1234로 발행해야 한다.

세금계산서(또는 계산서)를 발급하는 방법은?

병의원에서 세금계산서와 계산서를 수취하는 일은 흔하다. 하지만 세금계산서와 계산서를 발행하는 일은 거의 없다. 하지만 학교나 관공서 등에서 의료용역을 제공하고 세금계산서 발행을 해야할 때가 종종 있다. 병의원이 과세사업자면 세금계산서, 면세사업자면 계산서를 발행할 수 있으며 전자로 발행해야하는 경우 거래하는 은행의 공인인증센터에서 세금계산서용 공인인증서를 발급받아야한다.

전자로 (세금)계산서를 발행하기 위해서는 홈택스에 접속하여 [조회/발급] - [전자세금계산서 발급] 메뉴로 들어가면 된다. 발행시 모든 항목을 다 입력할 필요는 없으며 꼭 입력해야 하는 부분에는 별표(*) 표시가 있다.

• Point!
병의원도 (세금)계산서를 발행할 수 있다.

세금계산서(또는 계산서)를 잘못 발행한 경우에는?

(세금)계산서를 수기로 발행한 경우 취소하기 위해서는 발행한 영수증을 파기하면 되지만, 전자로 발행한 경우 취소절차가 다소 복잡하다. 정확히 말하자면 이미 발행된 (세금)계산서를 취소하는 것은 불가능하다. 수정발행은 기발행된 영수증 금액에 상응하는 마이너스(-) (세금)계산서를 발행하는 개념이다.

(세금)계산서는 거래일자가 속한 달의 다음달 10일까지 발행해야하며 기간을 놓치면 가산세 대상이 된다. 따라서 발행을 취소하고자 할 때도 해당 기간 내인지 반드시 확인해야 한다. 취소발행 기간을 놓쳤다면 취소계산서 발행일자를 조정하는 것이 중요하다.

Point!
세금계산서 발행은 반드시 세무대리인과 상의하고 진행하길 권한다.

세파라치의 활동과 유의해야 할 점은?

탈세행위를 신고를 통한 포상금을 받는 행위를 계획적, 계속적으로 행하는 사람들을 세파라치라고 부른다. 세파라치의 신고는 크게 두 가지다.

첫번째는 현금영수증 의무발행제도 위반에 대한 신고다. 10만원 이상 진료에 대해서 병의원은 환자에게 현금영수증을 의무로 발급해야하고, 거부할 경우 국세청 지정코드인 010-0000-1234로 발행해야 향후 대응이 가능하다. 의심가는 환자가 현금영수증 발행을 거부하더라도 현금영수증을 발행할 수 있도록 데스크 직원에게 교육이 필요하다.

두번째는 차명계좌 사용신고다. 환자가 원장님으로부터 계좌이체 안내를 받았다며 데스크 직원에게 계좌이체번호를 요구하고 해당 계좌가 병의원 명의 또는 대표자명의가 아닌 경우 해당 사실을 고발한다. 따라서 차명계좌 사용은 매우 위험하다.

● Point!
현금영수증 의무발행에 관한 데스크 직원 교육은 필수다.

세무조사의 종류

세무조사는 세금탈루혐의 등으로 받는 수시세무조사와 일정 규모 이상의 병의원들이 무작위표본조사로 받는 정기세무조사가 있다. 통상적으로 정기세무조사에 비해 수시세무조사의 강도가 세다. 그 밖에도 특정한 혐의에 대해 서면으로 소명요구를 받는 등 다양한 조사가 있을 수 있다.

일반적으로 병의원급의 세무조사는 세무서 단위에서 시행하고 2~3명의 조사관이 입회하여 납세자권리헌장을 낭독하고 관련서류에 서명을 받으며 조사가 시작된다. 기간은 약 일주일 정도이며 연장되거나 연기할 수도 있다.

조사관의 조사기법, 목적이나 방법에 따라 요구받는 서류가 다르며, 일반적으로 다음 표에 따른 서류들을 요구한다.

세무조사시 요구받는 서류 및 취지

서류명	취지
원장(계정별, 거래처별) 분개장	경비 적정성 검토
전표 및 지출증빙철	
사업용계좌 입출금내역	매출누락 등 의심거래행위 검토
전산프로그램 수납대장	진료유형별(급여, 비급여), 수납별(현금, 카드 등) 매출분석
결산서	세금신고 확인
건강보험, 의료급여 청구내역	매출 적정성 검토
비급여항목 수가표	
입원실 및 병실현황	
의약품, 환자 소모품 관리대장	
직원명세, 업무분장, 급여대장	직원 허위신고 여부 검토

● Point!
세무조사는 세무사를 선임하여 협조적인 태도로 임하는 것이 좋다.

세무조사를 피하는 방법

정기세무조사는 비공식적으로 이뤄지기 때문에 대상선정을 일부러 피할 수 있는 것은 아니다. 다만, 경험적으로 수입금액이 크고, 동일 병과대비 소득율이 낮을 경우 선정될 확률이 높았다. 조사확률을 낮추기 위해 실제 이익보다 높게 신고할 필요는 없지만 연도별 경비처리 금액을 조절할 수 있는 감가상각 등을 통해 연도별 소득율을 유연하게 관리하는 것이 좋다. 그리고 국세청은 국가기관이지만 산하의 세무서는 세무서별 행정구역이 존재한다. 병의원 조사가 대부분 (지방)국세청이 아닌 세무서 조사이기 때문에 부촌(富村)으로 인식되는 곳에 거주지를 둘 경우 그렇지 못한 경우보다 조사확률이 낮을 수 있다.

● **Point!**
가장 좋은 절세는 세무조사를 받지 않는 것이다.

세금납부를 연장하는 방법

1,000만원 이상의 국세에 대해서는 1,000만원 초과분에 해당하는 금액을, 2,000만원 이상의 국세는 50% 2개월 후로 분납신청할 수 있다. 이는 법에 명시된 납세자로서의 당연한 권리이다. 하지만 그 이상으로 세금납부를 연장하기 위해서는 납부기한연장을 신청해야하고 이는 담당 세무공무원의 승인이 필요하다.

경험적으로 신고기한의 일주일전까지 신청해야 승인 가능성이 높고, 총 3회에 걸쳐 6개월 후까지는 담보제공 등 특별한 절차 없이 승인해준다.

● Point!
납기연장이 필요하면 납기 전 미리 세무대리인에게 요청해야 한다.

Q. 억울한 세금을 구제받을 수 있는 방법

사업자의 억울한 세금을 구제받기 위한 구제방법은 관련법에 따라 ①과세전적부심사청구, ②이의신청·심사청구·심판청구, ③행정소송, ④납세자보호실에 고충민원 신청 등이 있다.

하지만 위와 같은 권리구제는 대부분 잘못된 법령, 유권해석 적용에 따른 과세행위 등 법리를 다투는 문제에 한정하여 승산이 있다. 병의원의 세무조사 등에 따른 세액 재결정은 대개 수입금액 누락 또는 경비의 비사업성 검토 등에 따른 것이지 법리해석의 문제가 아니다. 따라서 위의 구제절차보다 과세권을 행사하는 단계가 훨씬 더 중요하다.

● Point!
이미 부과된 사업소득 세금은 권리구제 절차로 뒤집기 쉽지 않다. 세무는 부과단계에서의 조치가 가장 중요하다.

Q. 폐업시 납부해야 하는 세금과 절세법은?

양수자 없이 단순 폐업하는 경우 과세기간(1.1.~폐업일)에 대한 소득세 신고로 납세의무가 종결된다. 하지만 병의원 상당수는 양수인을 찾아 양도양수계약을 체결하고 양도 대금을 받고 폐업한다. 이 경우 병의원 자산의 장부가액과 대금과의 차이는 소득으로 보아 과세된다. 이 소득은 세무상 두 가지로 구분할 수 있다. 첫째는 유형자산처분이익, 둘째는 영업권(무형의 권리금)이다. 세법에서는 유형자산처분이익을 사업소득으로 과세하고[8], 영업권은 기타소득으로 과세한다.

수취한 양도대금을 절세하는 방법은 사업소득으로 과세되는 부분을 최소화시키고 나머지 금액을 영업권으로 과세하도록 세팅하는 것이다. 예를 들어 양수대금이 2억원이고 자산의 장부가액이 0.5억원이라면, 시설장치 명목으로 0.5억원, 나머지 1.5억원을 영업권으로 계상하는 것이 좋다(당

---

8) 종전에는 유형자산을 양도함으로써 발생하는 소득은 과세대상이 아니었지만 세법개정으로 2018년 1월 1일부터 발생하는 유형자산처분이익이 과세대상으로 포함되었다(소득세법 제19조 제1항 제20호).

기순이익 등 고려할게 많지만 논의의 편의를 위해 간략하게 설명). 영업권은 필요경비를 40% 인정받을 수 있고, 이는 사업소득 과세보다 유리하기 때문이다. 그러나 폐업시 (이월)결손금이 있는 경우 사업소득으로 계상하는 부분을 늘리는 게 더 유리할 수도 있으니 세무사와 상의 후 결정하는 것이 좋다.

> ● *Point!*
> 폐업으로 양도양수 계약서를 체결할 때 세무사의 조언에 따라 진행해야 절세가 가능하다.

병의원 양도시 (세금)계산서를 발행해야 하나?

원칙적으로 폐업 후 양수인으로부터 대금을 받는 경우 대금에 대해 (세금)계산서 발행 의무를 갖는다. 하지만 양수인이 같은 유형 및 병과의 개인사업자라면 기존 인력을 모두 인수하지 않더라도 통상 부가가치세법상 포괄 양수도로 본다. 포괄양수도의 경우 재화의 공급으로 보지 않기 때문에 (세금)계산서 발행을 하지 않는다(부가가치세법 시행령 제23조).

만약 양수자의 사업유형이 양도자와 동일하지 않거나, 병과(업종)이 다르다면 양도자는 (세금)계산서 발행 의무를 갖게 된다. 하지만 병의원 대부분 사업자유형이 면세사업자고, 포괄양수도의 정의를 병의원에 적용할만한 기준이 모호하다는 점 때문에 (세금)계산서 발행 여부는 세무사의 확인받고 진행하길 권한다.

> **● Point!**
> 양수하는 병의원이 양도 병의원의 유형과 병과 등이 같다면 (세금)계산서 발행은 하지 않아도 된다.

제5장

직원관리를 위해 알아야 할 **근로기준법**

근로기준법상 근로자의 개념

근로기준법은 근로조건의 기준을 정함으로서 근로자의 기본적 생활을 보장하고 향상시키는 것을 목적으로 하고 있다. 근로기준법은 근로관계에 있어서 근로자를 보호하는 법으로서 여기서 근로자란 누구를 말할까?

근로기준법에 의하면 근로자란 '직업의 종류를 불문하고 사업 또는 사업장에서 임금을 목적으로 근로를 제공하는 자를 말한다'고 정의하고 있다. 따라서 사용자의 지휘감독을 받으면서 임금을 목적으로 근로를 제공하는 자를 의미하며, 여기서는 형식적인 명칭이나 고용형태, 직위 등을 따지지 않는다.

근로기준법상 근로자와 사용자

근로자	• 직업의 종류와 관계없이 임금을 목적으로 사업이나 사업장에 근로를 제공하는 자 • 사업 또는 사업장에 고용된 것을 전제로 함 • 근로관계가 있는 휴직자도 근로자로 인정 • 실업자나 해고자는 제외

사용자	• 사업주 또는 사업 경영 담당자, 그 밖에 근로자에 관한 사항에 대하여 사업주를 위하여 행위하는 자 • 근로기준법의 준수 의무자 • 사용자는 동시에 근로자가 될 수 있는 상대적인 지위에 있음

● Point!

병의원에 정해진 시간에 출근하는 직원들은 모두 법에 따른 근로자의 자격을 갖고 있다고 봐야한다.

사업장 규모별 근로기준법 준수사항은?

근로기준법상 사업장을 규모별로 크게 3가지로 나눌 수 있는데, 이는 4인 이하 사업장, 5인 이상 사업장, 10인 이상 사업장이다. 이에 대한 준수사항을 간략하게 정리하면 다음과 같다.

4인 이하 사업장	5인 이상 사업장	10인 이상 사업장
• 근로계약서 작성 • 임금명세서 교부 • 최저임금 준수 • 주휴수당 지급 • 4대보험가입 • 해고 예고 • 퇴직급여 • 출산휴가, 육아휴직	• 해고절차 준수 • 근로시간 • 가산임금 • 연차유급휴가 • 생리휴가	• 취업규칙 작성 및 신고

※ 큰 규모의 사업장은 작은 규모 사업장 준수사항을 모두 포함한다.

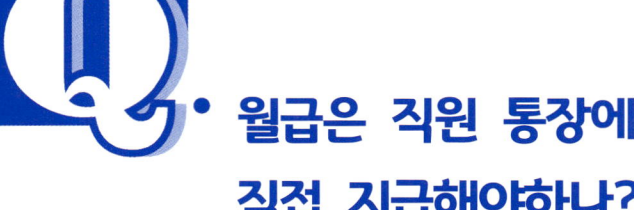
월급은 직원 통장에 직접 지급해야하나?

임금은 반드시 근로자 본인에게 직접 지급되어야 한다. 다만 근로자자 지정하는 본인계좌에 입금하는 것과 사자(使者)에게 지급하는 것은 허용된다.

임금채권의 양도가 가능한가에 대해서 법원은 "양도는 가능하되 추심권은 여전히 근로자에게 있다"는 입장이다. 즉 양도 자체가 금지되는 것은 아니지만 사용자는 양수자에게 임금을 지급해서는 안되며, 근로자에게 직접지급해야 한다는 의미이다. 다만, 임금채권의 압류는 가능하므로 반드시 민사소송법에 의하여 임금을 압류해야 하고 판결이나 전부명령 등에 의하여 압류권자에게 지급하는 것은 법 위반이 아니다.

> **●Point!**
> 직원이 부득이한 사정으로 직원의 가족 등의 계좌로 지급받길 원한다면 이와 같은 사실을 동의하는 내용을 서면으로 작성해둬야 한다.

Q. 직원 월급 지급시 채권 등과 상계할 수 있나?

임금은 그 전액이 근로자에게 지급되어야 하며, 임금의 일부공제는 법령 또는 단체협약에 특별한 규정이 있어야 한다. 법령에 의하여 공제가 인정되는 것은 '근로소득세 및 지방소득세', '건강보험료', '국민연금', '고용보험료' 등이며, 단체협약에 의하여 공제가 가능한 것은 노동조합비, 소비조합구매대금, 사택관리비, 대부금 등이다. 그러나 취업규칙, 근로계약에 의한 공제는 원칙적으로 인정되지 않는다.

위약금, 전차금 또는 전대채권, 강제저축금 등을 공제하고 임금을 지급할 경우 임금전액불의 원칙에도 위배된다. 다만, 가불임금은 임금지급일이 되기 전에 미리 지급한 것이므로 이를 제외한 나머지 임금만 지급해도 법 위반이 아니다.

불법행위를 원인으로 하는 채권과도 상계가 금지되고, 민·형사상 배상금과의 상계도 불가능하다. 또한 근로자가 병의원에 대해 지고 있는 대출금 채권과의 상계도 금지되며, 은행직원 등에 대하여 불량대출금 결손액과의 상계도 금지된다.

다만, 사용자가 근로자의 동의를 얻어 상계하는 경우 그 동의가 근로자의 자유로운 의사에 터잡아 이뤄진 것이라고 인정할만한 합리적인 이유가 객관적으로 존재할 경우에는 가능하다(대법 2001.10.23., 2001다25184).

> **Point!**
> 임금은 다른 명목과의 상계가 원칙적으로 불가하다.

월급을 의료서비스 제공 등으로 대신할 수 있나?

임금은 특별한 사정이 없는 한 통화로 지급해야 한다. 여기서 통화란 강제통용력이 있는 화폐(은행권과 주화)를 말한다. 이는 현물급여를 통해 근로자의 자유를 구속하거나 병의원의 과잉 제품을 지급함으로서 근로자의 실질적인 임금확보에 지장을 주는 것을 방지하려는데 목적이 있다. 은행이 그 지급을 보증하는 자기앞수표의 지급은 가능하지만 당좌수표, 약속어음, 병의원주식으로 임금을 지급하는 것은 인정되기 어렵다.

● Point!
임금은 병의원내 복리후생적 의료서비스 제공으로 대체될 수 없다.

Q. 월급 지급 시기는?

임금은 매월 1회 이상 일정한 기일을 정해서 지급되어야 하며, 취업규칙에는 반드시 임금지급시기를 명시해야 한다. 여기서 '매월'이라 함은 매월 1일부터 말일까지를 의미한다. 일정한 기일이라 함은 특정일을 정하는 것을 의미하며, 그 기일이 주기적으로 도래해야 한다.

이렇게 결정된 임금지급기일에 임금을 지급하지 않은 이상 그 후에 임금의 일부 또는 전부를 지급했어도 임금미지급에 대한 법적책임이 있다. 다만, 1월을 초과하는 기간에 대하여 지급하는 정근수당, 근속수당, 장려수당, 능률수당 등의 임시로 지급되는 임금·수당 등은 정기지급원칙의 적용을 받지 않는다. 또한 임금체불의 방지를 위해 모든 성의와 전력을 다한 것이 사회통념상 인정된다면 임금체불의 책임을 물을 수 없다는 것이 판례의 태도이다(경영부진으로 인한 자금사정의 악화 등으로 사회통념상 더 이상의 적법행위를 기대할 수 없는 불가피한 사정이 인정되는 경우).

새로운 직원을 채용하거나 중간에 퇴사하는 경우 월급은 정해진 지급시기에 지급하되 근무일자를 기준으로 안분하여 지급하는 것이 일반적이다. 예를 들어 해당 달이 31일이고 근무기간이 10일인 경우 정해진 [월급×10일/31일]만큼 지급한다.

그리고 직원이 퇴사하는 경우에는 근로기준법에 퇴직일로부터 14일 이내 지급하도록 규정하고 있기 때문에 14일 이내 지급이 어려운 경우 퇴사자와 지급일자를 사전에 합의하는 것이 좋다.

●Point!
모든 직원의 월급 지급시기는 특정일(하루)로 맞추는 것이 편하다.

통상임금과 평균임금

수당이란 일정한 급료 이외 정기 또는 수시로 지급되는 보수를 말하며, 이는 법적으로 그 지급이 강제되는 연장근로수당, 야간근로수당, 휴일근로수당 및 월차수당, 연차수당, 생리수당이 있다. 그리고 취업규칙 등 자체적인 내규에 따라 법적지급이 강제되지 않은 비법정수당이 있다.

수당을 계산함에 있어 통상임금이란 용어가 나오는데 여기서 통상임금이란 소정근로시간의 근로에 대하여 정기적, 일률적으로 지급하기로 정해진 고정적인 임금액을 말한다.

통상임금과 평균임금

통상임금	평균임금
소정근로시간의 근로에 대하여 정기적, 일률적으로 지급하기로 정해진 고정적인 임금액	사유발생한 날 이전 3개월간에 그 근로자에 대하여 지급된 임금의 총액을 그 기간의 총일수로 나눈 금액
• 평균임금의 최저보장(근기법* 제2조 제2항)	• 퇴직급여(근로자퇴직급여보장법 제8조 제1항)

제5장 직원관리를 위해 알아야 할 근로기준법

통상임금	평균임금
• 해고예고수당(근기법 제26조) • 휴업수당(근기법 제46조 제1항 단서) • 연장근로가산수당(근기법 제56조) • 야간근로가산수당(근기법 제56조) • 휴일근로가산수당(근기법 제56조) • 연차 유급휴가수당(근기법 제60조 제5항) • 기타 법에 "유급"으로 표시된 보상	• 휴업수당(근기법 제46조 제1항 본문) • 연차 유급휴가수당(근기법 제60조 제5항) • 휴업보상, 장해보상, 유족보상, 장의비, 일시보상, 분할보상 등 각종 재해 보상금(근기법 제78조~제84조) • 근로자에 대한 제재로서의 감급의 제한(근기법 제95조) • 산업재해보상보험법에 의한 보험급여 (산업재해보상보험법 제49조~제43조)

※ 근기법 = 근로기준법

● Point!

월급을 낮추고 상여금을 높이면 통상임금액을 줄일 수 있다. 단, 월급은 최저임금 이상이어야 한다.

Q. 연차수당(연차휴가)는 얼마나 지급해야 하나?

5인 이상 사업장은 연차수당(연차휴가)를 지급해야 한다. 연차휴가란 주간기준 근로시간이 40시간인 경우 사용자는 근로자가 1년간 8할 이상 출근시 15일의 유급휴가를 제공하는 것을 말한다.

단, 1년 미만 근속한 자가 주간 기준 근로시간이 40시간인 경우 1월간 개근시 1일의 유급휴가를 주어야 하고, 1년 이상 근속한 자에게 주어지는 15일의 유급휴가에서는 사용했던 유급 휴가일수의 합을 공제한다. 그리고 업무상 재해로 휴업한 기간과 산전·후 휴가기간은 출근한 것으로 보아 근속여부를 판단한다.

연차휴가는 근로자의 청구가 있는 시기에 줘야 하지만 근로자가 청구한 시기에 휴가를 주는 것이 사업운영에 막대한 지장이 있는 경우에는 그 시기를 변경할 수 있다.

연차수당이란 미사용한 연차휴가에 대해 지급하는 수당으로 연차수당의 계산은 연차휴가청구권이 소멸한 달의 통상임금수준이 되며, 그 지급일은 휴가청구권이 소멸된 직후에 바로 지급해야 하지만, 취업규칙이나 근로계약에 근거하여 연차유급휴가청구권이 소멸된 날 이후 첫 임금지급일에 지급해도 된다.

예를 들어 20×1년 1월 1일~20×1년 12월 31일까지 만근하여 20×1년 1월 1일~20×1년 12월 31일까지 사용할 수 있는 15일의 연차휴가가 발생하였으나, 이를 사용하지 않았다면 20×1년 12월 31일자로 연차휴가청구권은 소멸되고, 휴가청구권이 소멸되는 다음날인 20×2년 1월 1일에 연차유급휴가근로수당이 발생하게 되는 것이다. 그리고 연차수당 산정의 기준임금은 연차휴가청구권이 최종적으로 소멸하는 월(20×1년 12월)의 통상임금을 기준으로 한다.

● *Point!*

연차수당(연차휴가)는 가장 대표적인 노동분쟁이 된다. 직원과의 상호 이해와 합의와 가장 중요하다.

Q. 연장근로수당이란?

연장근로란 1일 8시간 이상 근무하거나 1주 40시간 이상 근무하는 경우를 말한다. 연장근로는 사용자와 근로자간의 합의가 있어야 하고 1주일에 12시간을 한도로 해야 하며 통상임금의 50% 이상을 가산하여 수당으로 지급해야 한다. 주 40시간제에서 연장근로에 대해 시행일로부터 3년간 최초 4시간에 대해서는 50%가 아닌 25%의 가산율을 적용할 수 있으나 실무적으로 50%를 적용하는 병의원이 많다.

일·숙직근무는 일·숙직근무 내용이 평상시 근로의 내용과 동일하다면 연장근로로 인정되어 연장근로수당을 지급해야 하나 사무직에 종사하는 사람이 숙직근무를 하는 경우로서 평상시 근로의 내용과 상이한 경우에는 숙직시간에 대한 연장근로수당을 지급하지 않아도 된다.

또한 근로자가 지각을 하여 지각한 시간만큼 연장근무를 시킨 경우 지각한 시간에 대해서는 급여에서 공제할 수 있으나 연장근로시간에 대한 연장근로수당은 지급해야 한다.

참고로 진료업무를 위해 30분 미리 출근하여 청소해야 함을 강제한다면 이 시간도 근무시간이라고 노동부에서는 해석하고 있다. 이 경우 8시간 초과근무시간에 대한 임금 및 연장근로수당 지급여부가 분쟁대상이 되기도 한다.

> **● Point!**
> 원칙적으로 8시간 이상 근무하는 경우 연장근로수당을 지급해야 한다.

야간근로란 오후 10시부터 오전 6시까지의 근로를 말한다. 임신 중인 여성이나 18세 미만 연소근로자는 야간근로가 원칙적으로 금지되어 있으나 업무의 특성에 따라 여성근로자 본인의 동의 또는 고용노동부장관의 인가를 받으면 가능할 수도 있다.

야간에 근로했을 경우에는 주간에 비하여 육체적으로 힘들기 때문에 통상임금의 50%를 가산해서 지급하도록 하고 있다.

Point!
원칙적으로 오후 10시 이후 근무하는 경우 야간근로수당을 지급해야 한다.

Q. 휴일근로수당이란?

휴일이란 주유급휴일(1주일에 근무하기로 정해진 날을 개근할 경우 부여되는 유급휴일, 통상 일요일인 경우가 많다) 외에 취업규칙이나 단체협약상 휴일(무급휴일, 유급휴일)로 정해진 날을 말한다. 따라서 휴일근로수당은 주휴일(일요일) 근로는 물론 단체협약이나 취업규칙에 의하여 휴일로 정해진 날의 근로의 경우에도 지급해야 한다.

구 분	휴일근로수당
유급휴일근로	유급휴일에 당연히 유급으로 지급되는 임금(100%)+휴일근로에 대한 임금(100%)+휴일근로에 대한 가산임금(50%)이 지급된다.
무급휴일근로	무급휴일 근로에 대한 임금(100%)+휴일근로에 대한 가산임금(50%)이 지급된다.

● Point!
원칙적으로 일요일에 근무하는 경우 휴일근로수당을 지급해야 한다.

 **휴업시에도 월급을 지급해야 하나?**

사용자의 귀책사유로 인하여 휴업하는 경우에는 사용자는 휴업기간 중 당해 근로자에 대하여 평균임금의 70% 이상의 수당을 지급해야 한다. 평균임금의 70%에 상당하는 금액이 통상임금을 초과하는 경우에는 통상임금을 휴업수당으로 지급할 수 있다. 다만, 부득이한 사유로 사업계속이 불가능하여 노동위원회의 승인을 얻은 경우에는 위의 기준에 미달하는 휴업수당을 지급할 수 있다. 여기서 휴업수당의 지급요건인 사용자의 귀책사유란 사용자가 기업의 경영자로서 불가항력이라고 주장할 수 없는 모든 사유로 해석하는 것이 일반적이다.

사용자의 귀책사유 인정 예

- 치료제 부족, 환자감소, 불황
- 정전, 자금난
- 병의원이전, 소실, 의료기계파손
- 불법 병의원 폐쇄 등

Point!
폐업이 아닌 휴업시 직원 월급 지급사유가 된다.

 직원의 출산시 휴가수당은?

사용자는 근로기준법에 의해 임신 중인 여성 근로자에게 산전·후를 통해서 90일의 유급휴가(통상임금기준)를 주어야 한다. 여기서 90일은 주·휴일 등 각종 휴일이 포함된 일수이다. 그리고 90일의 휴가기간 중 45일 이상을 반드시 출산 후에 배치해야 한다. 최초 60일에 대해서는 사업주가 통상임금을 지급해야 하며, 나머지 30일은 고용보험에서 근로자에게 산전후휴가급여(상한액 135만원)가 지급되므로 사업주는 임금을 지급할 필요가 없다.

다만, 통상임금이 상한액 135만원을 초과하는 경우 초과분은 사용자가 부담하여 근로자에게 지급해야 한다. 참고로 산전·후 휴가급여는 근로자 본인이 직접 고용지원센터에 신청해야 한다.

● Point!

직원 출산시 사용자가 휴가수당을 줄 의무는 없으며, 고용보험공단에서 산전·후 휴가급여가 지급된다.

Q. 근로시간이 주40시간을 넘길 수 있나?

원칙적으로 1주간의 근로시간은 휴게시간을 제외하고 40시간을 초과할 수 없으며, 1일의 근로시간은 휴게시간을 제하고 8시간을 초과할 수 없다. 초과하는 경우 연장근로수당을 지급해야한다. 하지만 사용자는 근로자와 합의하에 예외적으로 근로시간을 조정할 수 있다.

1. 탄력적 근로시간제

탄력적 근로시간제란 용어대로 근로시간을 탄력적으로 운영하는 것을 말한다. 사용자는 취업규칙(2주 단위)이나 근로자대표와의 서면합의(3월 단위)에 의하여 정하는데, 일정한 단위기간을 평균해서 1주간의 근로시간이 1주 40시간의 근로시간을 초과하지 않는 범위 안에서 특정주에 40시간의 근로시간을, 특정일에 8시간의 근로시간을 초과해서 근로하게 할 수 있다. 다만, 특정주의 근로시간은 48시간(52시간)을 초과할 수 없다.

예를 들어 합의하에 1주차엔 48시간, 2주차엔 32시간을 근무하였다면 평균 40시간을 근무한 것이 되고 이 경우 1주차에 40시간을 초과근무했지만 이를 연장근로로 보지 않는다.

이 규정은 15세 이상 18세 미만의 연소근로자와 임신 중인 여성근로자에 대해서는 적용할 수 없으며 탄력적 근로시간제 규정에 의해서 당해 근로자를 근로시킬 경우에는 기존의 임금수준이 저하되지 아니하도록 임금보전 방안을 강구해야 한다. 탄력적 근로시간제를 정리하면 아래와 같다.

	2주 단위	3월 단위
요건	• 취업규칙에서 정함 • 1주평균 40시간 이내 • 특정주 48시간이내 • 특정일 한도제한 없음	• 근로자대표와의 서면합의 • 1주평균 40시간 이내 • 특정주 52시간 이내 • 특정일 12시간 이내
적용제외	• 15세 이상 18세 미만 근로자 • 임신 중인 여성근로자	
임금보전 방안의 강구	사용자는 탄력적 근로시간제에 의하여 당해 근로자를 근로시킬 경우 기존의 임금수준이 저하되지 않도록 임금보전방안을 강구해야 한다.	

2. 선택적 근로시간제

선택적 근로시간제는 근로시간의 효율적 배분을 위해서 근로시간을 근로자의 자유재량으로 부여하며, 1개월 이내의 정산기간을 기준으로 1주 근로시간이 법정근로시간을 초과하지 않는 범위 안에서 1일 또는 1주의 법정근로시간을 초과해서 근무하더라도 연장근로로 보지 않는 제도이다. 즉, 사용자는 취업규칙(취업규칙에 준하는 것을 포함한다)에 의해서 근로시간을 근로자의 결정에 맡기기로 한 근로자에 대해서 근로자대표와의 서면합의에 의해서 다음의 사항을 정한 때에는 1월 이내의 정산기간을 평균한 1주간의 근로시간이 40시간의 근로시간을 초과하지 않는 범위 안에서 1주간에 40시간의 근로시간을, 1일에 8시간의 근로시간을 초과해서 근로하게 할 수 있다.

결론적으로 선택적 근로시간제는 총근로시간은 변동이 없고, 1일 근로시간만 탄력적으로 적용하는 것이다.

탄력적 근로시간제와 선택적 근로시간제 비교

	탄력적 근로시간제	선택적 근로시간제
내용	근로일과 근로시간대가 정해지면 모든 근로자들이 일률적으로 근로	의무시간대에만 이률적으로 근로하며 나머지 조업시간은 개개의 근로자가 자율적으로 근로
목적	사용자의 경영편의	근로자측 근로편의
방법	• 2주 단위 : 취업규칙 • 3월 단위 : 근로자대표와의 서면 합의	취업규칙으로 정한 근로자에 대하여 근로자 대표와의 서면합의로 1개월 이내의 단위로 실시
최장근로	• 2주 단위 : 1일 제한없음, 1주 48시간 • 3월 단위 : 1일 12시간, 1주 52시간	최장근로시간에 대한 제한 없음
적용제외	• 15세 이상 18세 미만의 근로자 • 임신 중의 여성근로자	15세 이상 18세 미만의 근로자
공통점	① 단위기간(정산기간)동안 평균기준근로시간내 특정일 또는 특정주에 기준근로시간을 초과하여 근로시킬 수 있다. ② 기준근로시간초과에 대해 사용자의 가산임금을 지급의무가 없다.	

3. 재량 근로시간제

재량 근로시간제는 일반 근로시간과 다른 특례규정에 의해 근로자가 출장 기타의 사유로 근로시간의 전부 또는 일부를 사업장 밖에서 근로해서 근로시간을 산정하기 어려운 때에 소정근로시간을 근로한 것으로 보는 것을 말한다. 다만, 당해 업무를 수행하기 위하여 통상적으로 소정근로시간(1일 8시간 1주 40시간 등)을 초과하여 근로할 필요가 있는 경우에는 그 업무의 수행에 통상 필요한 시간을 근로한 것으로 본다.

단서의 규정에 불구하고 당해 업무에 관하여 근로자대표와의 서면합의가 있는 때에는 그 합의에서 정하는 시간을 그 업무의 수행에 통상 필요한 시간으로 본다.

업무의 성질에 비추어 업무수행방법을 근로자의 재량에 위임할 필요가 있는 특정한 업무는 사용자가 근로자대표와 서면합의로 정한 시간을 근로한 것으로 볼 수도 있다.

4. 교대 근로시간제

교대 근로시간제는 1일 24시간을 2조 이상의 조 편성에 따라 구분하고 각조를 서로 교대시켜서 근무하도록 하는 것을 말한다.

● *Point!*
> 탄력적 근로시간제, 선택적 근로시간제 등을 통해 연장수당, 야간수당 등을 지급하지 않을 수 있다.

청소년 고용시 주의할 점

근로기준법에서는 소외근로자를 보호하기 위해 만 15세 미만인 자는 근로자로 사용할 수 없다(고용노동부장관의 취직 인허증 소지한 자는 예외). 또한 18세 미만인 자는 도덕상 또는 보건상 유해·위험한 사업에 사용하지 못하며 이런 자를 고용 시 사업장에 연령을 증명하는 증명서와 친권자 등의 동의서를 비치해야 한다.

구 분	기준근로시간	
	1일	1주
일반근로자(18세 이상 근로자)	8시간	40시간
연소근로자(15세 이상 18세 미만 근로자)	7시간	40시간
유해위험에 종사하는 근로자	6시간	34시간

※ 기준근로시간을 위반시에는 2년 이하의 징역 또는 1천만원 이하의 벌금에 처한다. 또한 기준근로시간을 초과한 시간외근로에 대해서는 합법성과 관계없이 가산임금을 지급해야 한다.

●Point!
청소년 고용시 하루 근무시간 7시간을 초과해서는 안된다.

근로계약서 작성시 주의사항

근로계약서는 반드시 서면으로 작성하게 되어있으며 ①인적사항, ②임금, ③근로내용 및 시간 등이 필수적으로 명시되어있어야 한다. 병의원 운영 특성상 연차 등은 유동적일 수 있으므로 필수적 기재사항 외의 사항은 "그 외의 사항은 근로기준법과 협의에 따른다"는 내용을 추가하여 대체하는 것이 좋다.

아르바이트생이든 기간제 직원이든 근로계약서를 작성하는 것이 원칙이며 대부분 계약 당시 또는 첫 출근일에 작성한다. 총 2부를 작성해서 1부는 대표자가 보관해야 한다.

> **Point!**
> 근로계약서에 명시된 조건들은 분쟁의 소지가 된다. 계약내용은 최대한 심플한 것이 좋다.

취업규칙은 모든 사업장에 신고해야 하나?

취업규칙이란 모든 근로자에게 해당하는 복리후생, 근로규칙 등을 담은 문서다. 모든 병의원이 작성할 필요는 없고 상시 10명 이상 근로자를 고용한 병의원은 의무적으로 작성하여 고용노동부에 신고하도록 하고 있다.

Point!
10인 이상 사업장은 취업규칙 신고대상이다.

근로자와 계약기간이 만료된 경우 어떻게 처리해야 하나?

병의원에서 일반적으로 근로계약을 1년 단위로 체결한다. 최저임금 등 변화된 노동환경에 맞춰 근로조건을 맞춰야하기 때문이다. 계약기간이 만료되면 새롭게 근로계약을 갱신하거나 계약기간에 맞춰 퇴사절차를 밟기도 한다. 근로자가 퇴사하는 경우에도 계약서상 근로기간과 상관없이 계속 근무함을 원칙으로 하기 때문에 해직예고나 사직서 수리 절차 등이 필요하다.

●Point!
직원이 퇴사하면 사직서를 꼭 받아놓아야 추후 분쟁의 소지를 줄일 수 있다.

Q. 병의원 운영이 어려워지면 근로자를 해고할 수 있나?

근로자의 채용과 해고는 사용자(원장님)의 권한이고 이에 따른 책임도 수반한다. 사정상 근로자를 강제 해고하면 그에 따른 이유가 있어야 하고 퇴직자에게 예고 및 설명이 필요하다. 직원이 퇴사하면 4대보험 상실신고를 해야하는데 사유를 "경영상 어려움" 등 사용자측 원인을 기재하면 해고된 직원은 고용보험공단에서 실업급여수당을 신청할 수 있다. 반면 사용자는 정부에서 시행하는 각종 지원금 신청시 자격요건에 걸려 배제될 가능성이 있다.

Point!
정부 지원금을 받고 있다면 직원 해고는 신중해야 한다.

Q. 해고예고는 반드시 해야 하나?

근로기준법에서는 먼저 사용자가 근로자를 해고하고 할 때에는 적어도 30일 전에 이를 예고하도록 규정하고 있다. 해고예고는 해고될 날을 명시하여 구두 또는 서면 모두 가능하다. 그리고 해고예고기간은 역일로 계산한다. 해고될 날을 명시할 때는 불확정한 기한이나 조건을 붙인 예고는 예고로서 효력이 없기 때문에 명확하게 해야 한다. 그리고 예고기간 중에는 정상적인 근로관계가 존속하는 경우와 같이 근로자는 임금 또는 근로를 청구할 수 있음은 물론이나, 근로자가 새로운 직장을 구하기 위해서 부득이 결근한 경우라도 사용자는 이에 대한 임금을 지급해야 할 것이다.

이렇듯 해고의 예고는 적어도 30일간의 기간을 두어야 한다. 근로기준법에서는 이와 같은 30일간의 해고예고기간을 두지 않은 해고에 대해서는 대가로 30일분 이상의 통상임금을 해고예고수당으로 지급해야 한다고 정하고 있다.

따라서 사용자가 사전 예고없이 근로자를 갑작스럽게 해고하는 경우 그에 대한 대가로 해고예고수당을 지급해야 한다.

> **Point!**
> 직원 퇴사시 사직서를 받는 것이 가장 좋지만 부득이 해고예고가 필요한 경우 문자(서면)로 해고사실을 통보해야 한다.

 **세전급여와 세후급여의 차이점은?**

직원의 모든 급여는 4대보험의 자기부담분과 소득세(원천세)를 떼고 지급해야 한다. 이를 떼기 전 금액을 세전급여, 뗀 후의 금액을 세후급여라고 부른다.

병의원은 아직도 관행적으로 세후급여체계를 적용하는 곳이 많다. 이는 4대보험 취득과 세무신고는 세전금액으로 역산해서 신고하지만 근로조건을 제시할 때는 세후급여로 이뤄진다는 의미다. 이에 따른 생기는 문제들은 아래와 같다.

1. 계약 외 급여(인센티브 등) 지급시 문제

인센티브나 상여금 지급시 지급한 금액보다 더 높은 금액을 신고해야하기 때문에 추가 발생하는 4대보험료와 소득세를 대표자가 전액 부담하게 된다.

2. 연말정산에 따른 환급액

직원의 소득세를 직원에게 부담하지 않고 대표자가 부담하기 때문에 소득공제 자료의 적극적 제출유인이 없다. 그리고 연말정산 이후 종합소득세 신고기간에 공제 금액을 늘리는 내용의 수정신고를 직원 본인이 하면 차익에 대해 직접 환급받을 수 있는 도덕적 해이 문제가 발생할 수 있다.

3. 근무지 2개 이상시 추가납부세액 문제

우리나라 세법은 누진세율 체계를 채택하고 있기 때문에 소득세가 소득금액에 비례하여 증가하는 것이 아니라 체증한다. 따라서 종전 근무지에서 퇴사했다고 해서 종전 근무지에서 발생한 소득세가 종결된 것은 아니다. 이후 타근무지에서 소득이 발생하면 합산해야 정확한 세액이 나오며 발생하는 추가납부 세액에 대해 종전근무지와의 분쟁사유가 되기도 한다.

따라서 직원을 채용하여 급여를 세후로 계약하는 경우 반드시 확인해야 할 점은 같은 해 종전 근무지가 있는지이다. 종전근무지가 있는 경우 소득세가 예상보다 많이 나올 수 있으므로 해당 소득세를 종전근무지에서 일부 부담해 줄 수 있는지 등을 반드시 체크해야한다.

● Point!
세후금액으로 근로계약시 추가발생할 수 있는 소득세에 대해 명확히 정리하는 것이 좋다.

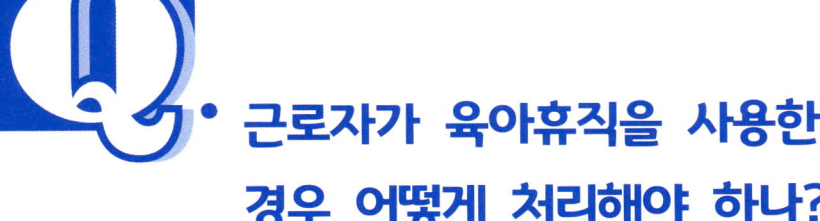
근로자가 육아휴직을 사용한 경우 어떻게 처리해야 하나?

직원이 육아로 인한 휴직을 신청하는 경우 2가지 처리방법이 있는데, 첫째는 퇴사처리 후 재고용하는 방법과 둘째로 육아휴직 처리하는 방법이 있다. 육아휴직으로 처리하기 위해서는 4대보험을 일시 중단하고, 고용보험에서 육아수당을 신청해야한다. 만약 대체근무자를 채용하는 경우 일부 지원금도 받을 수 있다.

1. 육아휴직 처리방법

육아휴직은 임신 중인 여성 직원이나, 근로자가 만 8세 이하 또는 초등학교 2학년 이하의 자녀를 양육하기 위한 휴직이다. 휴직기간은 1년이고 6개월 이상 근무한 직원이 신청 가능하다. 직원이 육아휴직을 신청한 경우 4대보험의 자격상실 신청을 육아휴직을 원인으로 해야한다.[9]

---

9) 자세한 내용은 고용보험 홈페이지(www.ei.go.kr)를 참조

2. 고용유지지원금

육아휴직을 30일 이상 허용한 의원의 경우 월 20만원 지원이 가능하다. 대체 근무자를 고용하고 대표자(원장님) 본인이 직접 고용보험에 신청 가능하다. 고용보험 홈페이지에 로그인하고 [고용안정] - [고용유지지원금] 메뉴를 눌러 온라인 신청할 수 있다.

> **Point!**
> 육아휴직처리를 위해서는 세무대리인을 통해 고용보험공단에 신고가 필요하다.

직원 퇴사시 퇴직금 지급 대상요건은?

상시근로자수에 상관없이 근로자가 사업장에서 1년 이상 계속근로한 경우 사용자는 계속근로연수 1년에 대해서 30일분의 평균임금 이상을 퇴직금으로 반드시 지급해야 한다.

평균임금은 기본급, 본봉, 연장수당, 상여금, 연월차수당 등 근로의 대가로 지급되는 대부분의 금액이 포함된다.

만약 근로자가 사업장에서 1년 이상 근로하였음에도 해당 사업장에서 퇴직금을 지급하지 않으면 관할 지방고용노동부에 진정을 통해 사용자는 처벌을 받을 수도 있다.

계속근로연수의 산정은 임시직이나 수습기간, 고용직, 계약직에 상관없이 최초의 입사일을 기준으로 모든 근로연수를 산정하며, 특히 1년이나 그 이하의 계약기간을 정해서 계약을 반복하는 경우에도 최초 입사일을 기준으로 계속근로연수를 산정한다. 계속근로연수가 1년 미만이면 퇴직금을 지급받을 수 없으며, 1년을 초과하는 경우에는 일할계산해서 지급한다.

이렇게 퇴직금은 근로자 퇴직급여 보장법에 의해 의무적으로 지급해야 하는 것으로 만약 병의원의 규정이나 입사시 근로계약이나 구두로 퇴직금을 지급하지 않기로 한 경우나, 법에서 정한 평균임금에 미달하는 기준을 정한 경우에는 그러한 규정이나 근로계약은 무효이며, 최소 법에서 정한 퇴직금은 지급해야 한다. 즉, 법에서 정한 퇴직금 지급액은 퇴직금의 최소금액이며, 더 많이는 지급할 수 있어도 적게 지급해선 안 된다.

※ 퇴직금은 ①과 ② 중 큰 금액을 퇴직금으로 지급한다.
 ① 병의원의 퇴직금규정상의 퇴직금
 ② 근로기준법상 규정된 퇴직금

● **Point!**
1년 미만 근무한 직원에 대해서는 퇴직금 지급의무가 없다.

퇴직금액은 어떻게 산정되나?

퇴직금은 일반적으로 기업의 퇴직금 지급규정이 있는 경우에는 그 퇴직금 지급규정을 따르나 그렇지 않을 경우에는 아래와 같은 퇴직급여보장법을 따른다. 다만, 퇴직금 지급규정이 퇴직금보다 적을 경우에는 퇴직급여보장법에 따라 계산한 퇴직금을 퇴직금으로 지급해야 한다.

아래 계산방식에 따라 계산을 하지 않고 실무상 업무편의를 위해서 1년간 총임금에서 1/12 즉 1달분의 임금을 평균임금으로 계산해서 퇴직금을 지급하는 경우가 있는데 이와 같이 계산한 금액이 위의 계산방식에 의한 금액보다 많을 경우에는 문제가 없으나 적을 경우에는 법에서 규정한 퇴직금보다 적게 되므로 체불임금 문제가 발생할 수 있다.

퇴직급여보장법에 따른 퇴직금 계산

$$\text{퇴직금(법정퇴직금)} = \text{계속근로연수}\left(\frac{\text{재직일수}}{365}\right) \times \text{퇴직직전 30일분의 평균임금}$$

※ 계속근로연수 : 퇴직금에 대해서는 1년 미만 근속근로자의 경우에는 지급하지 않아도 되지만 1년을 초과하는 경우에는 근속일수에 비례해서 퇴직금을 지급해야 한다. 계속근로연수는 일할

계산해야 하기 때문에 재직일수에 365일을 나눠서 구한다.

※ 30일분의 평균임금 : 30일분의 평균임금을 퇴직일 이전 3개월간 지급받는 임금총액을 그 기간의 총일수로 나누어 계산된 평균임금에다 30일을 곱하면 된다.

> **● Point!**
> 퇴직금은 대략 [한달급여×근속연수]로 계산된다.

퇴직금을 미리 정산해도 되나?

퇴직금은 근로자가 퇴직하는 때에 지급하는 것이 원칙이나 1년 이상 근무한 근로자가 일정한 사유로 인해 요구하는 경우에 한해서 중간정산 할 수도 있다. 과거에는 근로자가 요구하는 경우 매년 중간정산도 가능했지만 2012년 7월 26일 시행되는 개정된 퇴직급여보장법에 의해 아래와 같은 사유가 있을 때만 가능해졌다. 중간정산은 근로자가 요구할 때만 가능한 것이므로 근로자가 요구하거나 합의를 하지 않았는데도 사용자가 일방적으로 매년 정산하는 경우에는 효력이 없어 근로자가 최종 퇴직일에 산정한 퇴직금을 기준으로 매년 정산한 퇴직금과 차액을 추가로 지급해야 한다.

퇴직금 중간정산사유(퇴직급여보장법시행령 제3조 제1항)

1. 무주택자인 근로자가 본인 명의로 주택을 구입하는 경우
2. 무주택자인 근로자가 주거를 목적으로 「민법」에 따른 전세금 또는 「주택임대차보호법」에 따른 보증금을 부담하는 경우. 이 경우 근로자가 하나의 사업에 근로하는 동안 1회로 한정한다.

3. 근로자가 6개월 이상 요양을 필요로 하는 근로자나 가족이 질병이나 부상에 대한 의료비를 해당 근로자가 본인 연간 임금총액의 1천분의 125를 초과하여 부담하는 경우
4. 퇴직금 중간정산을 신청하는 날부터 거꾸로 계산하여 5년 이내에 근로자가 「채무자 회생 및 파산에 관한 법률」에 따라 파산선고를 받은 경우
5. 퇴직금 중간정산을 신청하는 날부터 거꾸로 계산하여 5년 이내에 근로자가 「채무자 회생 및 파산에 관한 법률」에 따라 개인회생절차개시 결정을 받은 경우 등

Point!
근무 중인 직원의 퇴직금 정산은 하지 않는 것이 좋다.

아르바이트생도 퇴직금을 지급해야 하나?

퇴직금을 지급해야하는 대상은 1년 이상 근무한 근로자로 정하고 있고, 아르바이트생이나 기간제 근로자도 근로자에 해당하므로 퇴직금 지급 대상자에 해당한다.

Point!
11개월 근무한 아르바이트생을 퇴사 후 바로 재입사 시키면 퇴직금 지급의무가 있을 수 있다.

퇴직연금제도란?

퇴직연금제도란 사용자가 매월 또는 매년 등 기간을 정해놓고 퇴직연금사업을 하는 금융기관에 일정한 금액을 적립하고 근로자가 퇴직시 적립된 퇴직금을 일시금 또는 연금으로 받을 수 있게 하는 제도이다. 퇴직연금제도는 근로자 과반수(또는 근로자 과반수로 조직된 노동조합)의 동의를 받아야 도입이 가능하므로 노사합의가 없으면 종전의 퇴직금제도를 그대로 유지시켜야 한다.

퇴직연금제도는 국민연금 등과 같이 국가운영연금이 아닌 민간금융기관이 관리한다는 점에서 그 특성이 있으며 도입효과는 아래와 같다.

구분	도입효과
개인적 측면	① 경기불황과 경기침체 등으로 인한 기업의 도산, 부도 등으로부터 수급권을 보호할 수 있고 제도의 설립과 운영에 개인이 참여할 수가 있다. ② 퇴직금제도유형을 선택할 수 있는 기회를 제공받아 일시금 또는 연금으로 그 선택권을 행사할 수 있다.

구분	도입효과
조직적 측면	① 퇴직금의 부채적 성격을 제거해서 자산의 유동성을 확보할 수 있고 이를 기초로 투자설비 및 근로자의 복리후생비용 등으로 보다 효율적으로 기금을 운용할 수 있다. ② 장기근속에 대한 유인책으로 활용해서 핵심인재의 확보 및 유지에 도움이 될 수 있다. ③ 기금의 운용은 외부금융기관이 담당하므로 자금운영의 아웃소싱화를 통해서 핵심가치에 투자할 기회를 보다 많이 확보할 수 있다. ④ 동 제도의 도입은 종업원의 의견수렴절차 등 노사간의 합의가 전제되는 것으로 노사화합의 기회 또한 제공할 수 있다.

● **Point!**

직원 퇴직연금가입이 의무는 아니다.

확정급여형 퇴직연금과 확정기여형 퇴직연금의 차이점은?

1. 확정급여형 퇴직연금

확정급여형 퇴직연금이란 근로자가 받을 연금급여가 사전에 확정되고 사용자가 부담(적립)할 금액은 적립금 운용결과에 따라 변동될 수 있는 연금제도를 말한다. 이 제도를 택하면 사용자는 임금인상률, 퇴직률, 기금운용수익률 등 연금액의 산정기초가 변하는 경우 그에 따른 위험부담과 연금수급자에 대한 최종지급책임 등 관리부담을 지게된다.

확정급여형 퇴직연금의 장단점

구분		내용
장점	개인	정년퇴직후 임금의 일정비율을 사망시까지 지급하므로 병의원업무에 전념이 가능하다.
	기업	재직시 임금, 보수가 적은 직장에서 장기근속의 유도가 가능하며, 유동성위기 등 긴급사태시 자금의 신축성이 있다. 기금운용수익률이 예상보다 높은 경우 보험료 부담이 줄어든다.

제5장 직원관리를 위해 알아야 할 근로기준법

구분		내용
단점	개인	일정기간 근속한 이후에만 수급권이 부여된다. 따라서 자유로운 직장이동에 장애가 있고 이직이 잦은 근로자에게 매우 불리할 수 있다.
	기업	관리감독이 복잡해서 운영비용이 많이 소요된다. 따라서 전문적인 기술이나 영업능력 등 개인적 경쟁이 필요한 기업에 부적절할 수 있다. 기금운용수익률이 낮거나 물가 등 인상률이 급격히 높아지는 경우 보험료 부담이 늘어난다.

2. 확정기여형 퇴직연금

확정기여형 퇴직연금이란 사용자의 부담금이 사전에 확정되고 근로자가 받을 퇴직급여는 적립금 운용실적에 따라 변동될 수 있는 연금제도를 말한다. 적립금은 사용자로부터 독립되어 근로자 개인명의로 적립되므로 기업이 도산해도 수급권이 보장되며, 직장을 옮겨도 연결통산이 쉬우나 투자결과에 따라 연금액이 달라질 수 있다. 이는 이직이 잦은 근로자, 연봉제 적용 근로자에게 유리하다.

확정기여형 퇴직연금의 장단점

구분		내용
장점	개인	이직이 잦은 근로자는 매번 사업주에게 받은 금액이 근로자 계좌로 적립되므로 별도의 지급보증제도 없이 퇴직금을 수령 가능하다.
	기업	퇴직금신고 등을 연금을 운용하는 금융기관에서 하기 때문에 관리가 용이하다. 또한 매번 납입하는 보험료만큼 비용처리가 되기

구분		내용
단점		때문에 퇴직금부채 부담이 없다. 단체협약 등으로 이익분배 등 다양한 형태로 활용이 가능하기 때문에 인사관리의 신축적인 대처가 가능하다.
	개인	노후에 받게 될 연금액이 투자실적에 다라 변동한다. 따라서 정확한 노후연금액을 예측하기 어렵고 운용수익률이 낮은 경우 받을 퇴직연금액이 줄어드는 위험이 있다.
	기업	매번 현금으로 지급되므로 유동성위기 등에 신축적 대응이 어려울 수 있다.

퇴직금과 퇴직연금의 비교

비용부담 주체	퇴직금	DB형 퇴직연금	DC형 퇴직연금
퇴직급여의 형태와 수준	사용자	사용자	사용자
비용부담 수준	일시금	연금 or 일시금 (퇴직금과 동일)	연금 or 일시금 (퇴직금보다 더 많거나 적을 수 있음)
적립방식	사외 적립 여부 임의	부분사외 적립 (예상급여액의 60%)	전액 사외 적립
사용자의 관리부담	인사노무관리 경직적	퇴직 후에도 관리 필요	적립 후 부담없음
직장이동시 통산	어려움	어려움	쉬 움

제5장 직원관리를 위해 알아야 할 근로기준법

비용부담 주체	퇴직금	DB형 퇴직연금	DC형 퇴직연금
적합기업 근로자	-	병의원 도산위험이 없고, 퇴직연금수급자 관리능력이 있는 기업(주로 대기업, 공기업) 장기근속자	연봉제, 체불임금위험이 있는 기업, 직장이동이 빈번한 근로자(중소기업), 단기근속자 및 젊은층

● **Point!**
퇴직연금을 가입한 대부분의 병의원은 확정기여형 퇴직연금을 선택한다.

Q. 임금을 상품권 형태로 지급해도 되나?

관련법에서는 계약된 급여를 현물로 지급하는 것을 엄격히 금하고 있다. 하지만 계약된 금액 외 상여금이나 인센티브를 상품권으로 지급하는 것은 가능하다.

Point!
월급을 상품권을 포함한 현물로 지급하는 것은 불가능하다.

직원 귀책시 임금을 지급하지 않는다는 약정은 유효한가?

직원 귀책으로 임금을 받지 않기로 한다는 내용에 동의하고 일을 했다하더라도, 해당 약정 자체가 위법이며 무효이다. 근로기준법에서는 근로자가 근로계약을 위반하는 것에 대한 위약금을 예정하는 계약을 금지하고 있기 때문이다. 따라서 근무기간에 대한 임금을 계산하여 청구할 수 있고, 사용자가 지급을 미룬다면 사업장의 관할 고용노동부에 신고를 통해 임금을 지급받을 수 있다.

하지만 "위약금 또는 손해배상액을 특정하게 정하는 것" 자체를 금하는 것이지 근로자의 위약행위에 대한 "사업주의 손해배상청구권" 자체도 부정하거나 금지하는 것은 아니다.

즉, 근로기준법은 근로자의 위약행위에 대한 위약금으로 '1개월치 임금' 또는 '100만원' 등과 같이 위약금을 구체적으로 명시하거나 예상할 수 있는 금액으로 확정하는 것을 금지하고 있는 것이지, 실제 근로자가 일방적으로 위약행위(근로관계 중단)를 함으로서 사업주에게 손해가 발생했다면 민사소송청구를 통해 그 손해배상을 청구할 법적 권리마저 금지하는 것은 아니다.

따라서 사업주는 민법상의 방법을 통해 근로자를 상대로 근로자의 위약행위에 대해 손해배상 소송을 제기하고 실제 손해배상 부분을 입증하여 법원에서 결정한 손해금을 반환 받을 수 있다.

Point!
직원 귀책으로 손해발생시 손해원인과 손해액을 객관적으로 입증할 수 있는 자료를 미리 확보해 두는 것이 좋다.

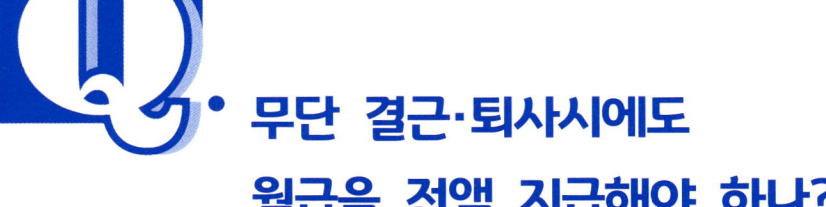
무단 결근·퇴사시에도 월급을 전액 지급해야 하나?

근로기준법에서는 어떠한 경우에도 전액불의 원칙에 따라 임금을 근로자에게 전액지급하고, 근로자의 무단 퇴사로 인한 피해발생시 별도의 민사소송을 통해 사업주가 근로자에게 청구하도록 되어있다.

하지만, 단기간 근로자의 성격상 그 근로자가 사업장에 주는 피해액이란 산출이 가능하다해도 소액이고 절차상의 복잡함을 이유로 사업주는 이를 포기하게 되는 것이 현실이다.

● **Point!**
퇴사처리 전까지는 임금은 무조건 지급하도록 되어있기 때문에 직원귀책으로 인한 퇴사결정은 빠를수록 좋다.

지각이나 조퇴시 급여를 차감할 수 있나?

지각·조퇴시간에 대해서 근로기준법상 구체적으로 규정되지는 않았다. 다만 무노동·무임금의 원칙에 따라 근로자가 개인사정으로 지각·조퇴해서 근로하지 못한 시간에 대해서는 급여를 지급하지 않을 수 있으며, 취업규칙에 편의상 근무시간 1/2 이상 근무 후 조퇴시 1/2에 해당하는 급여만 지급하도록 규정하는 경우도 있을 수 있고 합리성이 있는 한 이는 인정될 수 있다.

그러나 지각·조퇴와 관련된 사규가 없는 경우에는 근무한 시간에 해당하는 급여는 지급해야 하며, 별도로 근로자의 동의가 있는 경우 연차휴가(또는 월차휴가)를 사용한 것으로 처리해도 가능할 것이다. 한편 지각·조퇴가 있다고 하더라도 이것이 근로기준법상의 휴가 산정에 있어 결근으로 처리되는 것은 아니며 사규에 따라 조퇴3번을 결근 1번으로 처리해서 1일의 평균임금을 지급하지 않는 것 등은 가능하다고 하더라도 조퇴 또는 지각을 결근으로 처리해서 연·월차 산정에 있어 휴가에 불이익을 줄 수는 없다.

즉, 지각·조퇴·외출 등의 사유로 소정근로일의 근로시간 전부를 근로하지 못하였다 하더라도 소정근로일을 단위로 그날에 출근해서 근로를 제공하였다면 이를 결근으로 처리할 수는 없으므로 단체협약, 취업규칙 등에 지각, 조퇴, 외출을 몇 회 이상하면 결근 1일로 취급한다고 규정하고, 일정횟수 이상의 지각·조퇴·외출시 결근 1일로 취급할 수 있으나 이것을 이유로 주휴일, 연·월차유급휴가 등에 영향을 미치게 하는 것은 근로기준법 취지에 비추어 타당하지 않다고 보고 있다.

● *Point!*
지각이나 조퇴를 사유로 벌금을 급여에서 상계하는 것은 불가하다.

Q. 상여금의 차등지급이 가능한가?

상여금은 법에서 강제하는 임금이 아니기 때문에 자율권이 최대한 존중된다. 따라서 단체협약, 취업규칙 등에 지급기간, 지급대상을 정한 경우에는 그 기간 또는 그 대상자에게만 차등지급해도 된다. 아울러 근속연수에 따라 지급율을 달리하거나 제재의 수단으로 차등지급이 가능하며, 징계자나 대기발령자에게는 지급하지 않는다는 규정도 효력이 있다.

Point!
직원간 상여금 차등지급은 가능하다.

Q. 상여금 지급시 이전 퇴사자에게도 지급할 의무가 있나?

상여금 지급률, 지급시기 등이 단체협약 또는 취업규칙 등에 정해져 있고 매년 일정시기에 일정률의 상여금을 지급하여 왔다면 동 상여금은 근로의 대상으로 지급되는 임금으로 보아 그 지급시기 이전에 퇴직한 근로자에게도 근무한 만큼의 상여금을 일할 계산해서 지급해야 한다.

예를 들어 상여금이 400%로서 분기 말에 한번 상여금을 지급하는 경우 1분기와 2분기 상여금을 지급받고 8월말에 퇴사한 경우 3분기 상여 100%의 2/3에 해당하는 상여금을 지급해야 한다. 다만 단체협약, 취업규칙 등에 "상여금은 지급일 현재 재직중에 있는 자에 한한다"는 등의 명문규정이 있다면 이에 따라야 하며, 이 경우 근로기준법 위반문제는 발생하지 않는다.

따라서 병의원에서 퇴사자에게 상여금을 지급하지 않으려면 단체협약이나 취업규칙 등에 "상여금은 지급일 현재 재직중에 있는 자에 한한다"는 등의 명문규정을 근로계약서 등에 두는 것이 좋다.

그리고 협약과 규칙 등에 정해져있지 않고 명절 등 일정시기에 지급해온 정기적 상여금이 아닌 비정기적 상여금은 전적으로 대표자의 재량으로 결정될 수 있기 때문에 퇴사자에게 지급할 의무는 없다.

> **Point!**
> 상여금을 정기적으로 지급할 경우 "재직중인 자에 한한다"는 내용을 근로계약서 또는 취업규칙 등에 명시해 두는 것이 좋다.

구두로 한 인센티브(상여금) 지급 약속도 효력이 있나?

병의원에서는 인센티브 지급을 구두가 아닌 병의원의 취업규칙이나 규정 및 근로자와 체결한 근로계약, 협의서 등 문서로 된 경우에는 사용자는 그 문서에 명시된 내용대로 지급해야 한다. 만약 문서에 명시된 내용대로 지급하지 않으면 임금체불에 해당되어 사용자는 처벌을 받을 수 있으며 근로자는 고용노동부에 진정을 해서 받을 수 있다. 그러나 만약 위와 같이 문서로 되어있지 않고 단순히 구두약속을 받은 경우는 법정으로 효력을 인정받기가 어렵다.

Point!
인센티브 구두약속은 법적 효력이 없다해도 문제가 될 수 있다.

Q. 비정기적 상여금을 지급하지 않는 경우에 문제가 되나?

상여금이란 말 그대로 한다면 사업주가 임의로 지급하는 상벌의 하나로 지급하는 금품이다. 이렇게 본다면 이것은 상벌의 하나이기 때문에 임금이 아니어서 사업주가 이를 지급하지 않는다 하더라도 법위반이 아니다.

그러나 근로자를 모으고 일정한 근로를 시키기 위하여 사실상 임금의 보전수단으로 상여금이란 명목하에 이를 지급하고 있다면 이를 임금으로 보아야 할 것이다.

따라서 상여금이란 명칭이 있지만 이것이 임금의 일부라고 판단되면 임금으로서 엄격히 보호되어 이를 지급하지 않는다면 임금지급의무를 위반한 것으로 채무불이행이다.

따라서 상여금이 임금으로 볼 수 있는지가 쟁점사항이 될 수 있다.

실무적으로 정기적·일률적으로 지급되는 상여금은 임금으로 보고 비정기적이고 비일률적으로 지급되는(통상적으로 인센티브라고 불리우는) 상여금은 임금이 아니어서 사업주가 이를 지급하지 않아도 법위반이 아니다. 따라서 상여금이 정기적·일률적으로 지급되느냐의 여부에 따라 상여금이 임금이라고 판단될 수 있으므로 근로자는 이의 지급을 요구할 권리가 있다.

> **● Point!**
> 비정기적 상여금을 지급하지 않는 것은 문제되지 않는다.

임금명세서는 언제 지급해야하나?

근로기준법 개정으로 2021년 11월부터 사용자(원장님)는 임금대장을 작성하여 직원에게 서면 또는 이메일로 교부해야한다. 미교부시 과태료 처분 문제가 있을 수 있으니 번거롭더라도 반드시 이행하는 것이 좋다.

임금대장 기재사항(근로기준법 제27조 제1항)

① 성명
② 주민등록번호
③ 고용 연원일
④ 종사하는 업무
⑤ 임금 및 가족수당의 계산기초가 되는 사항
⑥ 근로일수
⑦ 근로시간수
⑧ 연장근로, 야간근로 또는 휴일근로를 시킨 경우에는 그 시간수
⑨ 기본급, 수당, 그밖의 임금의 내역별 금액 등

● Point!
사용자는 직원들에게 매월 임금명세서를 의무적으로 교부해야한다.

제6장

4대 사회보험

사회보장제도로서의 사회보험이란?

사회보장은 질병·장애·노령·실업·사망 등의 사회적 위험으로부터 모든 국민을 보호하고 빈곤을 해소하며 국민생활의 질을 향상시키기 위하여 제공되는 사회보험·공공부조·사회복지서비스 및 관련복지제도를 말하며 모든 국민이 국민이 인간다운 생활을 할 수 있도록 최저생활을 보장하고 국민 개개인이 생활수준을 향상시킬 수 있도록 제도와 여건을 조성하여, 그 시행에 있어 형평과 효율의 조화를 도모함으로서 복지사회를 실현하는 것을 기본 이념으로 한다.

우리나라에 사회보장제도는 사회보험, 공공부조, 사회복지서비스 등이 있다. 여기서 사회보험은 국민에게 발생하는 사회적 위험을 보험방식에 의하여 대처함으로서 국민건강과 소득을 보장하는 제도를 말하는데 우리의 소득에서 강제적으로 징수하고 직접적으로 보험의 혜택을 누리는 중요한 제도이기 때문에 알아야 할 필요성이 있다.

우리나라 사회보험은 국민연금, 국민건강보험, 고용보험, 산업재해보상보험이 있으며 종류가 4가지이기 때문에 4대보험이라고 일컫는다.

국민연금 가입자의 종류는?

국민연금의 적용 대상자는 국내에 거주하는 18세 이상 60세 미만의 국민은 국민연금의 가입대상자다. 가입의 형태는 사업장 가입자, 지역가입자, 임의가입자, 임의계속가입자가 있다.

1. 사업장 가입자

'사업장가입자란' 사업장에 사용되는 근로자와 사업주(법인의 임원 포함)로서 국민연금에 가입된 자를 말한다. 즉, 회사에 고용되어 근로관계가 성립되면 근로자와 사용자 모두 사업장가입자로서 국민연금에 적용대상자가 되는 것이다.

단, 다음과 같은 근로자는 적용제외된다.

사업장가입자 적용제외자

- 일용근로자나 1개월 미만의 기한을 정하여 사용되는 근로자
- 소재지가 일정하지 아니한 사업장에 종사하는 근로자

- 법인의 이사 중 소득이 없는 자
- 1개월 동안의 근로시간이 60시간 미만인 단시간 근로자. 다만, 단시간근로자 중 생업을 목적으로 3개월 이상 계속하여 근로를 제공하는 사람으로서 시간강사, 사용자의 동의를 받아 근로자로 적용되기를 희망하는 사람은 적용됨

2. 지역가입자

'지역가입자'는 사업장가입자가 아닌 18세 이상 60세 미만인 자로서 아래와 같이 가입적용제외자가 아닌 자를 말한다.

지역가입자 적용제외자

- 18세 미만, 60세 이상
- 국외거주(귀국예정이 없는 자)
- 18세이상 27세 미만인 자로서 학생이거나 군복무 등을 이유로 소득이 없는 자(연금보험료 납부사실이 있는자는 제외)
- 사업장가입자·지역가입자와 임의계속가입자 및 그 무소득 배우자
- 타공적연금가입자 및 그 무소득배우자
- 노령연금수급권자, 퇴직연금 등 수급권자(퇴직연금 등 수급권자가 국민연금과 직역연금의 연계에 관한 법률에 따라 연계신청을 한 경우는 예외) 및 그 무소득 배우자
- 국민기초생활법에 따른 수급자
- 특수직종으로 인한 노령연금수급권자 및 그 무소득배우자
- 행방불명된 자
- 별정우체국직원과 무소득배우자

3. 임의가입자

사업장가입자와 지역가입자에 해당되는 자 이외의 자로서 18세 이상 60세 미만인 자는 공단에 임의가입신청서를 제출하여 임의가입자가 될 수 있다. 임의가입자는 탈퇴의 자유가 허용된다.

4. 임의계속가입자

국민연금 가입기간이 20년 미만인 가입자가 60세에 달한 때에는 가입자의 자격이 상실되는 것이나, 예외적으로 공단에 가입신청서를 제출하여 65세에 달할 때까지 임의계속가입자가 될 수 있다.

국민연금급여 종류와 내용은?

연금급여는 기본연금에 부양가족연금액을 합산하여 산정된다.

기본연금은 모든 연급가입자들의 소득평균인 '평균소득월액과' 가입자 본인이 신고한 소득금액의 현재가치 평균값인 '기준소득월액'을 합산한 금액의 1.5~1.2을 곱한 금액으로 한다. 다만, 가입기간이 20년을 초과한 경우 그 초과하는 1년마다 기본연금액에 50/1,000을 곱한 금액을 추가한다. 즉, 신고된 소득금액과 가입기간에 비례하여 기본연금액이 커지는 구조를 갖는다.

그리고 부양가족연금은 연금수급권자가 권리를 취득할 당시 그 수급권자에게 의하여 생계를 유지되고 있던 피부양자를 보호하기 위하여 지급되는 가족수당의 성격을 지닌 부가급여다. 부양가족연금액은 배우자는 연 15만원, 18세 미만 또는 장애등급 2급 이상인 자녀인 경우에는 연 10만원이다.

이렇게 산정된 연금급여는 노령연금, 장애연금, 유족연금, 반환일시금 4가지 형태로 지급된다.

1. 노령연금

국민연금 가입자가 노령으로 인하여 소득능력이 상실하게 되면 국민연금 수령할 자격을 갖게 된다. 현재는 수급요건이 만 60세이지만 청구에 따라 만 55세 이상인 자도 수령할 수 있다. 노령연금은 아래와 같이 크게 5가지 사유로 지급하게 된다.

연금의 종류	수급요건	급여수준
완전노령연금	가입기간이 20년 이상, 60세에 도달한 자	기본연금액(100%) + 부양가족연금액
감액노령연금	가입기간 10년이상 20년 미만으로 60세에 도달한 자	가입기간 10년인 경우 • 기본연금액의 50% + 부양가족연금액 • 가입기간 1년 증가시 5%를 증액
재직자노령연금	완전노령연금수급권자 또는 감액노령수급권자가 65세 이전에 소득이 있는 업무에 종사하는 경우(소득있는 업무에 종사하지 않으면 완전노령이나 감액노령연금으로 전환)	60세인 경우 • 완전 또는 감액노령연금액×50% • 연령 1세 증가시마다 10% 증액 • 부양가족연금액은 지급되지 않음
조기노령연금	가입기간 10년 이상, 연령 55세 이상인 자가 소득있는 업무에 종사하지 아니하고, 60세 도달 전에 청구한 경우	가입기간 10년, 55세인 경우 • 기본연금액의 50%×70% + 부양가족연금액 • 수급연령 1세 증가시마다 6% 증액

연금의 종류	수급요건	급여수준
분할연금	혼인기간이 5년 이상이고 이혼한 부부로서 그 중 한명이 노령연금수급권이 있어야 하고 60세에 도달해야 함	기본연금액 중 혼인기간에 해당하는 연금액을 균등하게 나눈 금액 (부양가족연금액 제외)

2. 장애연금

장애연금이란 국민연금 가입기간 중 질병 또는 부상으로 인하여 장애가 발생한 경우에 장애정도에 따른 소득상실을 보전하는 급여를 말한다.

장애연금은 아래와 같이 장애등급에 따라 급여수준이 결정된다.

장애등급	장애등급의 결정	급여수준
1등급	부상이나 질병을 입은 자가 초진일부터 1년 6월이 지나도 완치되지 않으면 그 1년 6월이 지난 날을 기준으로 장애정도를 결정하는 것을 원칙으로 한다.	장애연금 기본연금액 + 부양가족연금액
2등급		장애연금 기본연금액 × 800/1,000 + 부양가족연금액
3등급		장애연금 기본연금액 × 600/1,000 + 부양가족연금액
4등급		장애일시보상금 기본연금액 × 2,252/1,000

3. 유족연금

유족연금은 노령연금수급권자, 가입기간이 10년 이상이었던 가입자였던 자, 가입자, 장애등급이 2급 이상인 장애연금 수급권자가 사망 또는 실종된 경우 그 유족에게 지급되는 급여를 말한다.

여기서 유족이란 배우자, 18세미만이거나 장애등급 2급 이상인 자녀, 60세 이상이거나 장애등급 2급 이상인 부모(배우자의 부모 포함), 18세 미만이거나 장애등급 2급 이상인 손자녀, 60세 이상이거나 장애등급 2급 이상인 조부모(배우자의 조부모 포함)을 말한다.

가입자 구분	급여수준
보험가입기간이 10년 미만인 경우	기본연금액의 400/1,000
보험가입기간이 10년 이상 20년 미만인 경우	기본연금액의 500/1,000
보험가입기간이 20년 이상인 경우	기본연금액의 600/1,000

Q. 국민건강보험 적용대상자는 어떻게 구분하나?

국내에 거주하는 모든 국민은 건강보험의 가입자 또는 피부양자가 되어 건강보험법의 적용대상자가 된다. 가입자는 직장가입자, 임의계속 직장가입자, 지역가입자로 나뉜다.

1. 직장가입자

건강보험의 직장가입자가 되는 근로자는 지속적인 고용관계에 있는 근로자와 사업주(법인의 경우 임원 포함)를 말한다. 따라서 근로자를 고용하지 않은 사업주와 비상근 근로자 또는 시간제근로자만을 고용하고 있는 사업주는 직장가입자의 범위에서 제외시키고 있다.

직장가입자 적용제외자

- 1월 미만의 기간 동안 고용되는 근로자
- 병역법의 규정에 의한 현역병·전환 복무된 자·무관후보생
- 선거에 의하여 취임하는 공무원으로서 매월 보수 또는 이에 준하는 급료를

> 받지 아니하는 자
> - 비상근 근로자 또는 1개월간의 소정근로시간이 60시간 미만인 단시간근로자
> - 비상근 교직원 또는 1개월간의 소정근로시간이 60시간 미만인 시간제공무원 및 교직원
> - 소재지가 일정하지 아니한 사업장의 근로자 및 사용자
> - 근로자가 없거나 비상근 근로자 또는 1월간의 근로시간이 60시간 미만인 단시간근로자 만을 고용하고 있는 사업주

2. 임의계속 직장가입자

일정한 요건을 갖춘 직장가입자가 임의계속직장가입을 희망하는 경우 사용관계가 종료된 날(퇴직한 날)의 다음 날부터 12개월 동안은 직장가입자의 자격을 유지할 수 있다.

임의계속 직장가입자의 요건

> ① 사용관계가 종료되어 지역가입자로 자격이 변경된 자로서 실업 전 해당 사업장에서 1년이상 계속하여 직장가입자의 자격을 유지하고 있을 것
> ② 최초로 고지 받은 지역가입자 보험료의 납부기한 이내에 보험자에게 직장가입자로서의 자격을 유지할 것을 신청할 것
> ③ 임의계속 직장가입신청 후 최초 보험료 납부기한까지 보험료를 납부하였을 것

3. 지역가입자

지역가입자와 그 피부양자가 아닌 자는 모두 지역가입자가 된다.

건강보험급여 종류와 내용은?

건강보험료는 요양급여, 요양비, 장애인보장구급여, 건강검진 등을 통해 사용된다.

1. 요양급여

요양급여는 가입자 및 피부양자가 질병, 부상 등으로 요양기관에서 진료를 받은 경우 요양기관에 지급하는 급여이다. 따라서 가입자 및 피부양자가 병원 등에서 진료를 받은 후 진료비의 일부는 요양급여로 충당되는 것이다.

요양급여의 종류

① 진찰·검사
② 약제 또는 치료재료의 지급
③ 처치·수술 기타의 치료,
④ 예방·재활
⑤ 입원
⑥ 간호
⑦ 이송

2. 요양비

요양비는 보험자가 요양을 받은 가입자 및 피부양자에게 요양급여에 상당하는 금액을 현금으로 지급하는 요양급여이다. 요양비는 요양에 대한 비용을 본인이 전액 부담한 후 그 중 일정액을 보험자로부터 지급받는 후불성격의 급여이다.

3. 장애인보장구급여

장애인보장구급여란 상병이 치유된 후의 신체적 결함을 보충하기 위하여 지급되는 의수족·휠체어·보조기·안경·보철 및 보청기 등 보장구를 지급하는 것을 말한다.

4. 건강검진

건강검진은 일반건강검진, 암검진 및 영유아건강검진으로 구분하여 실시한다. 보험자는 가입자 및 피부양자에 대하여 질병의 조기발견과 그에 따른 요양급여를 하기 위하여 건강검진을 실시하고 있다.

건강검진을 받을 수 있는 자는 직장가입자, 세대주인 지역가입자, 40세 이상인 지역가입자 및 40세 이상의 피부양자, 영유아검진은 6세 미만의 가입자 및 피부양자 등이다.

5. 부가급여

부가급여는 위에 열거된 법정급여와는 다르게 대통령령을 통해 보험재정 수준에 따라 탄력적으로 그 시행여부 등을 결정할 수 있는 급여를 말한다.

현재 인정되는 부가급여는 임신·출산 진료비(30만원 이내)가 있다.

 ## 고용보험의 개념과 적용대상자는?

고용보험은 실직근로자에게 실업급여를 지급하는 사업, 그리고 산업구조조정의 촉진 및 실업예방, 고용안정사업, 직업능력개발사업 등을 실시하는 사회보장보험제도이다. 고용보험은 ①실업의 예방, ②고용의 촉진, ③근로자의 직업능력의 개발과 향상, ④국가의 직업지도와 직업소개 기능 강화, ⑤근로자가 실업한 경우 생활에 필요한 급여 실시, ⑥근로자의 생활안정과 구직 활동을 촉진함으로서 경제·사회 발전에 이바지하는 것을 목적으로 한다.

고용보험 아래의 적용제외사업을 제외한 근로자를 고용하는 모든사업 또는 사업장에 적용하는 것을 원칙으로 한다.

적용제외 사업

① 농업·임업·어업 및 수렵업 중 법인이 아닌 자가 상시 4인 이하의 근로자를 사용하는 사업
② 면허업자가 아닌 자가 시공하는 총공사금액이 2천만원 미만인 공사와 연면적이 100제곱미터 이하인 건축물의 건축 또는 연면적이 200제곱미터 이하

인 건축물의 대수선에 관한 공사
③ 가사서비스업

또한 아래 적용제외 근로자를 제외한 모든 근로자에게 적용하는 것을 원칙으로 한다.

적용제외 근로자

① 65세 이상인 자(단, 고용안정·직업능력개발사업은 적용)
② 1월간의 소정근로시간이 60시간(1주간 15시간 미만인 자 포함) 미만인 자
③ 국가공무원법 및 지방공무원법에 의한 공무원. 다만, 대통령령으로 정하는 바에 따라 별정직 및 계약직 공무원의 경우는 본인의 의사에 따라 고용보험 제4장(실업급여)에 가입할 수 있다.
④ 사립학교교직원연금법의 적용을 받는 자
⑤ 별정우체국법에 의한 별정우체국 직원
⑥ 적법한 체류자격이 없는 외국인 근로자

고용보험의 종류와 내용은?

고용보험은 크게 고용안정사업, 직업능력개발사업, 실업급여 세 가지 사업을 실시한다.

1. 고용안정사업

고용안정사업은 근로자가 취업할 때부터 자기의 적성과 능력에 맞는 직업을 선택할 수 있도록 고용정보를 제공하고 직업훈련을 안내하며, 직업지도와 취업알선을 실시하여 고용을 촉진하고 고용조정으로부터 실을 억제하고 노동의 합리적 활용이 되도록 하기 위한 사업이다.

2. 직업능력개발 사업

직업능력개발사업이란 취업한 근로자를 중심으로 지속적인 향상교육훈련을 하여 직무수행능력이나 새로운 지식이나 기술·기능 등을 계속적으로 습득하여 기업의 생산성을 제고하고, 새로운 환경에 적응할 수 있도록 사업주 또는 피보험자에 대한 지원 등의 사업이다.

3. 실업급여

실업급여란 근로자가 실직했을 때 일정기간 급여를 지급함으로서 실업으로 인한 생계불안을 극복하고 생활의 안정을 도와주며 재취업의 기회를 지원해주는 제도를 말한다.

이하 실업급여를 구직급여, 취업촉진수당, 육아휴직급여, 산전후휴가급여로 나눠 설명한다.

① 구직급여

구직급여란 일반적으로 실업급여란 용어가 구직급여를 의미할 만큼 자주 접하는 중요한 급여로서, 실직근로자의 생계안정을 도모하는 동시에 안정적으로 구직활동을 촉진하기 위한 취지로 지급된다. 따라서 구직급여는 근로의 의사와 능력에 있음에도 불구하고 취업을 하지 못한 상태에 있으며 수급제한 사유에 해당하지 않는 자에게 한하여 이직(퇴직)당시 평균임금의 50% 정도 지급된다.

구직급여 수급요건

ⓐ 이직일 이전 18개월간 피보험 단위기간이 통산하여 180일 이상일 것
ⓑ 근로의 의사와 능력이 있음에도 불구하고 취업(영리를 목적으로 사업을 영위하는 경우를 포함)하지 못한 상태에 있을 것
ⓒ 이직사유가 수급자격의 제한 사유에 해당하지 아니할 것
ⓓ 재취업을 위한 노력을 적극적으로 할 것

> 〈이하 두 요건은 일용근로자만 해당〉
> ⓔ 수급자격 인정신청일 이전 1개월 동안의 근로일수가 10일 미만일 것
> ⓕ 최종 이직일 이전 기준기간의 피보험 단위기간 180일 중 다른 사업에서 수급자격의 제한 사유에 해당하는 사유로 이직한 사실이 있는 경우에는 그 피보험단위기간 중 90일 이상을 일요근로자로 근로하였을 것

※ 수급제한사유 : 피보험자가 중대한귀책사유로 해고된 경우 또는 자기사정으로 이직한 경우

② **취업촉진수당**

구직자의 적극적인 취업의지는 취업을 촉진시켜 사회적 비용을 경감시키는 요인이 될 수 있다. 이처럼 취업을 촉진하기 위해 조기재취업수당, 직업능력개발수당, 광역구직활동비, 이직비를 지원한다.

조기재취업수당은 구직자로 하여금 구직활동을 강화하여 구직급여 수급자격이 있는 자가 조기에 재취업을 하는 경우 지급해야하는 구직급여에 갈음하여 미지급금액을 일부 지급하는 제도이다.

직업능력개발수당은 구직자가 직업능력개발훈련을 받는 경우 소요되는 비용을 지원하는 실비변상적 성격을 가진 급여다.

광역구직활동비란 직업안정기관의 직업소개에 의하여 원거리 소재 사업장을 방문하여 면접 등을 하는 경우 교통비, 숙박비 등의 비용이 소요되는데 이를 지원하는 실비변상적 성격을 가진 급여다.

마지막으로 이주비는 수급자격자가 취업이나 직업능력개발훈련 등을 위해 주거를 이전해야 하는 경우 지급하는 실비변상적 급여이다.

아래는 4가지 취업촉진수당의 수급요건을 표로 정리한 것이다.

수당구분	수급요건
조기재취업수당	대기기간이 지난 후 재취업한 날의 전날을 기준으로 소정급여일수를 30일이상 남기고 재취업한 경우로서 ⓐ재취직한 사업주에 6개월 이상 고용된 경우, ⓑ6개월 이상 계속하여 사업을 영위한 경우
직업능력개발수당	수급자격자가 직업안정기관의 장이 지시한 직업능력개발훈련 등을 받는 경우
광역구직활동비	ⓐ 구직활동에 드는 비용이 구직활동을 위하여 방문하는 사업장의 사업주로부터 지급되지 아니하거나 지급되더라도 그 금액이 광역 구직활동비의 금액에 미달할 것 ⓑ 수급자격자의 거주지로부터 구직활동을 위하여 방문하는 사업장까지의 거리가 고용노동부령으로 정하는 거리(50㎞ 이상) 이상일 것
이주비	ⓐ 취업하거나 직업훈련 등을 받게 된 경우로서 고용노동부장관이 정하는 기준에 따라 거주지 관할 직업안정기관의 장이 주거의 변경이 필요하다고 인정할 것 ⓑ 해당 수급자격자를 고용하는 사업주로부터 주거의 이전에 드는 비용이 지급되지 아니하거나 지급되더라도 그 금액이 이주비에 미달할 것 ⓒ 취업을 위한 이주인 경우 1년 이상의 근로계약기간을 정하여 취업할 것

4. 기타 실업급여

① 육아휴직급여

육아휴직이란 근로자가 만 6세 이하의 초등학교 취학 전 자녀를 양육하기 위하여 신청하는 휴직을 말하고 육아휴직급여는 육아휴직기간에 근로자의 생활을 보조하기 위해 지급하는 급여를 말한다. 육아휴직급여 지급요건에 맞는 근로자는 육아휴직을 시작한 날 이후 1개월부터 육아휴직이 끝난 날 이후 12개월 이내에 신청을 통해 본 급여를 받을 수 있다.

② 산전후 휴가급여

산전후 휴가는 임금의 상실 없이 근로의무를 면제받는 제도이다. 임신중의 여성에 대하여는 산전후 계속해서 90일의 보호휴가를 주되, 반드시 산후에 45일 이상이 확보되도록 부여하도록 정하고 있다. 근로기준법에 명시된 산전후 휴가기간 60일을 90일로 연장하면서 60일에 대한 산전후 휴가급여는 사업주의 부담으로 하고, 연장된 30일의 산전후 휴가기간은 고용보험에서 지급하도록 하고 있다. 휴가를 시작한 날 이후 1개월부터 휴가가 끝난 날 이후 12개월 이내에 신청하여 본 급여를 받을 수 있다.

급여구분	지급요건	급여액
육아휴직 급여	ⓐ 육아휴직을 30일(산전후 휴가기간 90일과 중복되는 기간은 제외)이상 부여 받을 것 ⓑ 육아휴직을 시작한 날 이전에 피보험 단위기간이 통산하여 180일 이상일 것	통상임금의 40% 정도

급여구분	지급요건	급여액
	ⓒ 같은 자녀에 대하여 피보험자인 배우자가 30일 이상의 육아휴직을 부여받지 아니하거나 육아기 근로시간 단축을 30일 이상 실시하지 아니하고 있을 것	
산전후 휴가급여	ⓐ 산전후 휴가를 부여받을 것 ⓑ 휴가가 끝난 날 이전에 피보험 단위기간이 통산하여 180일 이상일 것	통상임금 상당금액

산업재해보상보험의 목적과 적용대상자는?

산업재해보상보험(이하 산재보험)은 근로자가 근로중에 업무상 부상이나 질병 또는 사망한 경우 그 해당 근로자 또는 그 유족에게 그 피해를 보상하는 제도이다. 근로자를 사용하는 모든 사업 또는 사업장에 적용되는 산재보험은 근로자의 업무상 재해를 신속하고 공정하게 보상하고 재해근로자의 재활 및 사회 복귀를 촉진하기 위하여 이에 필요한 보험시설을 설치·운영하며 재해 예방과 그 밖에 근로자의 복지 증진을 위한 사업 시행 근로자 보호에 이바지 하는 것에 그 목적이 있다.

산재보험은 당연가입과 임의가입으로 나뉜다. 당연적용사업의 사업주는 자신의 가입의사와는 관계없이 당연히 보험가입자가 되며, 보험료의 신고·납부의무가 주어진다. 임의적용사업이란 산재보험의 당연적용 대상사업이 아닌 사업으로서 산재보험의 가입여부가 사업주 및 근로자의 자유의사에 일임되어 있는 사업을 말한다.

# 산재보험급여의 종류와 내용은?

1. 요양급여

요양급여는 근로자가 업무상의 사유로 부상을 당하거나 질병에 걸린 경우에 그 근로자에게 지급한다. 요양기간이 4일 이상인 경우 요양비의 전액으로 하되 근로복지공단이 설치한 보험시설 또는 공단이 지정한 의료기관에서 요양하게 한다. 다만, 부득이한 경우 요양에 갈음하여 요양비를 지급할 수 있다. 또한 부상 또는 질병이 3일 이내의 요양으로 치유될 수 있는 때에는 요양급여를 지급하지 아니한다. 따라서 이 경우에는 근로기준법에 의한 요양보상을 사용자가 행하여야 한다.

2. 휴업급여

휴업급여는 근로자가 업므상 부상 또는 질병에 걸림으로 인하여 요양급여를 받고 있는 휴업기간 중 근로하지 못하여 임금을 받을 수 없어 재해근로자와 그 가족의 생계를 보장하기 위하여 임금 대신 지급하는 소정의

보험급여를 말한다.

3. 장해급여

장해급여는 장해등급에 따라 장해 보상연금 또는 장해보상일시금으로 한다. 장해보상연금 또는 장해보상일시금은 수급권자의 선택에 따라 이를 지급한다. 다만 대통령령으로 정하는 노동력을 완전히 상실한 장해등급의 근로자에 대하여는 장해보상연금을 지급한다.

4. 장해특별급여

보험가입자의 고의 또는 과실로 발생한 업무상 재해로 근로자가 대통령령으로 정하는 장해등급에 해당하는 장해를 입은 경우 수급권자가 민법에 따른 손해배상청구에 갈음하여 장해특별급여를 청구하면 위의 장해급여 외에 대통령령으로 정하는 장해특별급여를 지급할 수 있다. 다만, 근로자와 보험가입자 사이에 장해특별급여에 관하여 합의가 이루어진 경우에 한한다.

5. 간병급여

간병급여란 업무상 부상이나 질병 등으로 장기간 요양을 할 필요가 있거나 요양 중 일상생활의 처리동작을 스스로 할 수 없어 타인의 도움을 받아야 하는 경우에 제공되는 급여를 말한다. 이 경우 산재로 승인 받은 재해근로자가 요양기간 중 간병인의 도움 없이는 독자적으로 일상생활을 할 수 없을 경우에 한해 주치의사의 소견을 받아 공단에 청구하면 간병료를 지급받을 수 있다.

6. 유족급여

근로자가 업무상의 사유로 사망한 경우에 유족에게 지급하는 급여. 유족급여는 유족보상연금 또는 유족보상일시금으로 하되 유족보상일시금은 근로자가 사망할 당시 유족보상연금을 받을 수 있는 자격이 있는 자가 없는 경우 평균임금의 1,300일분에 상당하는 일시금을 지급한다. 유족보상연금의 수급권자가 원하면 유족보상일시금의 100분의 50에 상당하는 금액을 일시금으로 지급하고 유족보상연금은 100분의 50을 감액하여 지급한다.

7. 유족특별급여

보험가입자의 고의 또는 과실로 발생한 업무상 재해로 근로자가 사망한 경우에 수급권자가 민법에 따른 손해배상청구에 갈음하여 유족특별급여를 청구하면 유족급여 외에 대통령령으로 정하는 유족특별급여를 지급할 수 있다. 다만, 근로자와 보험가입자 사이에 유족특별급여에 대한 합의가 이루어진 경우에 한한다.

8. 상병보상연금

상병보상연금은 요양급여를 받는 근로자가 요양 시작한 지 2년이 지난 날 이후에 그 부상 또는 질병이 치유되지 아니한 상태에 있고 그 부상 또는 질병에 의한 폐질의 정도가 제1급 내지 제3급의 폐질등급에 해당하는 상태가 계속되고 요양으로 인하여 취업하지 못하였을 경우에 요양급여 외에 상병보상연금을 수급권자에게 지급한다. 이는 요양이 장기화됨에 따라 해당 피재해근로자와 그 가족의 생활안정을 도모하기 위해 휴업급여 대신에 보상수준을 향상시키기 위함이다.

9. 장의비

장의비란 근로자가 업무상의 사유에 의하여 사망한 경우 지급되는 급여로서 평균임금의 120일분에 상당하는 금액을 그 장제를 행하는 자에게 지급한다. 장의비가 대통령령으로 정하는 바에 따라 고용노동부장관이 고시하는 최고금액을 초과하거나 최저금액에 미달하면 그 최고금액 또는 최저금액을 각각 장의비로 한다.

10. 직업재활급여

직업재활급여란 요양이 끝난 후 장애급여를 지급받는 자에게 재취업에 필요한 직업훈련을 실시하거나 직업훈련수당을 지급하고, 직장에 복귀한 장해급여자의 고용을 유지하거나 직장적응훈련 등을 실시하는 사업주에게는 직장복귀지원금, 직장적응훈련비, 재활운동비를 지원하는 급여를 말한다.

Q. 모든 근로자는 4대보험에 가입해야 하나?

과거 매출과 증빙이 전산화 되어있지 않았을 때는 경비처리에 대해 지금보다 신경을 덜써도 됐기 때문에 단기근로자나 아르바이트 채용시 4대보험(국민연금, 건강보험, 고용보험, 산재보험)을 가입하지 않기도 했다. 하지만 채용기간에 불문하고 무조건 4대보험을 가입하는 것이 원칙이고 요즘에는 대부분 이행한다. 단, 월 60시간 미만 근무하는 직원에 한해서는 고용보험과 산재보험만 가입할 수 있다.

Q. 4대보험의 주체는 어디인가?

사회보험 업무는 보험사업별 관할 공단에서 운영하고 있으며 운영주체는 아래 표와 같다.

	국민연금	국민건강보험	고용보험, 산재보험
관장	보건복지가족부	보건복지가족부	고용노동부
운영	국민연금관리공단	국민건강보험공단	근로복지공단
홈페이지	www.nps.or.kr (국민연금관리공단)	www.nhis.or.kr (국민건강보험공단)	total.comwel.or.kr (고용산재보험 토탈서비스)
상담전화	1355	1577-1000	1588-0075

제 **7** 장
사업무관 개인세금
(양도세, 증여세, 상속세)

Q. 양도소득세 신고대상 거래는?

양도소득세는 부동산 등의 과세대상자산을 유상으로 이전할 때 발생되는 소득으로서 주택 등의 부동산을 이전할 때 가장 많이 다뤄지는 세금이다. 예를 들어 집을 1억원에 사서 2억원에 판다면 시세차익 1억원에 대하여 세금이 부과되는데 이때 과세되는 세금이 양도소득세이다. 세목의 특성상 사전에 약간의 지식만 가지고 있으면 피하거나 줄일 수 있는 세금이므로 기본적인 개념은 상식으로 알아두는 것이 좋다.

양도소득세 과세대상 자산

토지 및 건물	토지란 지적법에 의하여 지적공부에 등록하여야 할 지목에 해당하는 것을 말하며 건물에는 건물에 부속된 시설물과 구축물을 포함하는 것으로 한다.
부동산에 관한 권리	소득세법상 취득시기가 도래하기 전에 당해 부동산을 취득할 수 있는 권리를 말한다.
지상권, 전세권, 등기된 부동산임차권	지상권과 전세권은 등기여부에 관계없이 양도소득세 과세대상이 된다. 그러나 부동산임차권은 등기된 것에 한하여 양도소득세 과세대상이 된다.

특정한 주식	주식은 모두가 과세대상이 되는 것은 아니고 다음에 해당하는 것에 한한다. ① 대주주가 양도하는 것 ② 유가증권시장 또는 코스닥시장에서의 거래에 의하지 않고 양도하는 것
기타자산	일정한 요건을 충족하는 주식, 사업용 고정자산과 함께 양도하는 영업권 등

 **양도소득세 계산방법은?**

```
            양도가액
       (-)  필요경비          → 1.에서 설명
            양도차익
       (-)  장기보유특별공제   → 2.에서 설명
            양도소득금액
       (-)  양도소득기본공제   → 연간 250만원
            양도소득과세표준
       (×)  세율              → 3.에서 설명
            산출세액
```

1. 필요경비

양도차익은 양도가액에서 필요경비를 차감하는데, 필요경비는 ①취득가액과 ②기타의 필요경비의 합계를 말한다.

취득가액은 해당자산을 실제취득한가액이 원칙이지만 불분명한 경우 양

183

도가액과 기준시가 등을 이용한 환산가액을 이용할 수도 있다.

취득가액은 취득과 관련된 일체의 비용을 의미하며 부동산을 매매로 취득한 경우 매매가액+취등록세+부동산중개비+법무사수수료 등이다.

$$환산한\ 취득가액 = 양도당시의\ 실지거래가액 \times \frac{취득당시의\ 기준시가}{양도당시의\ 기준시가}$$

기타의 필요경비는 자본적지출, 양도비용(부동산중개비 등)의 합계이며 자본적지출이란 해당자산을 취득한 후 경제적인 가치상승을 유발하는 지출분을 뜻한다. 예를 들어 취득한 부동산의 인테리어, 샷시 등에 지출한 금액은 양도소득세 계산시 필요경비에 포함될 수 있다.

하지만 환산가액을 이용한 경우 기타의 필요경비는 실제 지출한 금액을 불문하고 무조건 3%(미등기부동산은 0.3%)를 공제한다.

2. 장기보유특별공제

장기보유특별공제는 등기된 토지·건물로서 보유기간 3년 이상인 것에만 적용한다.

보유기간	공제율	보유기간	공제율
3년 이상 4년 미만	10%	7년 이상 8년 미만	21%
4년 이상 5년 미만	12%	8년 이상 9년 미만	24%
5년 이상 6년 미만	15%	9년 이상 10년 미만	27%
6년 이상 7년 미만	18%	10년 이상	30%

다만, 1세대1주택임에도 비과세에 해당하는 주택을 양도시에는 아래의 공제율을 적용한다.

보유기간	공제율	보유기간	공제율
3년 이상 4년 미만	12%	12년 이상 13년 미만	48%
4년 이상 5년 미만	16%	13년 이상 14년 미만	52%
5년 이상 6년 미만	20%	14년 이상 15년 미만	56%
6년 이상 7년 미만	24%	15년 이상 16년 미만	60%
7년 이상 8년 미만	28%	16년 이상 17년 미만	64%
8년 이상 9년 미만	32%	17년 이상 18년 미만	68%
9년 이상 10년 미만	36%	18년 이상 19년 미만	72%
10년 이상 11년 미만	40%	19년 이상 20년 미만	76%
11년 이상 12년 미만	44%	20년 이상	80%

3. 세율

세율은 병의원 운영에서 발생하는 사업소득세율(종합소득세율)과 동일하다.

과세표준	세율	누진공제
1,200만원 이하	6%	-
1,200만원~4,600만원	15%	1,080,000
4,600만원~8,800만원	24%	5,220,000
8,800만원~1.5억원	35%	14,900,000
1.5억원~3억원	38%	19,400,000
3억원~5억원	40%	25,400,000
5억원 초과	42%	35,400,000

1세대 1주택 양도시 비과세란?

1세대 1주택의 양도시 양도소득세를 비과세한다. 다만, 양도가액이 12억 이상인 경우 초과분에 해당하는 비율의 양도차익에 대해서는 과세한다. 예를들어 15억에 주택을 양도하는 경우 양도차익의 80%(12억÷15억)는 비과세, 20%(3억÷15억)는 과세한다.

1. 1세대 1주택의 범위

1세대 1주택이란 1세대가 양도일 현재 국내에 1주택(고가주택을 제외)을 보유하고 있는 경우로서 당해 주택의 보유기간이 2년 이상인 주택을 말한다(거주기간 2년 이상 필요한 주택도 있음). 1세대1주택 비과세의 판정은 "양도일 현재"를 기준으로 한다. 따라서 양도일 이전에 1세대를 구성했는지 여부 또는 양도일 이전에 다른 주택을 소유했는지 여부와 무관하게 양도일 현재를 기준으로 1세대1주택에 해당되면 비과세한다. 이 경우 2개 이상의 주택을 같은 날에 양도하는 경우에는 당해 거주자가 선택하는 순서에 따라 주택을 양도한 것으로 본다.

2. 1세대의 요건

1세대란 거주자 및 그 배우자가 그들과 동일한 주소 또는 거소에서 생계를 같이하는 가족과 함께 구성하는 구성체를 말한다. 이와 같이 거주자에게 배우자가 있어야 1세대가 되는 것이나, 다음의 경우에는 배우자가 없는 때에도 1세대로 본다.

① 거주자의 연령이 30세 이상인 경우
② 배우자가 사망하거나 이혼한 경우
③ 종합소득·퇴직소득·양도소득이 국민기초생활보장법에 따른 최저생계비 수준 이상으로서 소유하고 있는 주택 또는 토지를 관리·유지하면서 독립된 생계를 유지할 수 있는 경우. 다만, 미성년자의 경우를 제외하되 미성년자의 결혼, 가족의 사망 그 밖에 대통령령이 정하는 사유로 1세대의 구성이 불가피한 경우에는 그러하지 아니한다.

이러한 1세대를 판단함에 있어서 부부가 각각 단독세대를 구성하였을 경우에도 동일한 세대로 본다. 따라서 부부가 각각 단독세대로 각각 1주택을 보유한 경우에는 1세대2주택에 해당한다.

3. 1주택의 요건

(1) 주택과 주택부수토지의 범위

주택이란 주거를 목적으로 하는 건물을 말하며, 주택부수토지란 주택정착면적에 5배(도시지역 밖의 토지는 10배)를 곱한 면적 이내의 토지를 말한다.

(2) 1세대가 2주택을 보유한 경우 과세원칙과 특례

양도일 현재 국내에 1주택을 보유한 경우에만 비과세하므로 2주택을 보유한 상태에서 그 중 1주택을 양도하는 경우에는 먼저 양도하는 주택에 대하여는 양도소득세를 과세한다.

하지만 다음의 경우는 먼저 양도하는 주택을 1세대1주택으로 보아 비과세한다.

> ① 국내에 1주택을 소유한 1세대가 그 주택을 양도하기 전에 다른 주택을 취득함으로서 일시적으로 2주택이 된 경우 다른 주택을 취득한 날부터 3년 이내에 종전의 주택을 양도하는 경우」
> ② 상속받은 주택과 그 외의 일반주택을 국내에 각각 1개씩 소유하고 있는 1세대가 일반주택을 양도하는 경우(이 경우에는 국내에 1개의 주택을 소유하고 있는 것으로 보아 1세대1주택 규정을 적용함)
> ③ 다음과 같이 세대를 합침으로서 1세대가 2주택을 보유하게 되는 경우 합친 날(ⓑ는 혼인한 날)부터 5년 이내에 먼저 양도하는 주택의 경우
> ⓐ 60세(여자는55세) 이상의 직계존속(배우자의 직계존속 포함)을 동거봉양하기 위하여 세대를 합친 경우
> ⓑ 혼인으로 세대를 합친 경우
> ④ 지정문화재 및 등록문화재에 해당하는 주택과 그 외의 일반주택을 국내에 각각 1개씩 소유하고 있는 1세대가 일반주택을 양도하는 경우
> ⑤ 농어촌주택과 그 외의 일반주택을 국내에 각각 하나씩 소유하고 있는 1세대가 일반 주택을 양도하는 경우

4. 보유기간 요건

1세대1주택이 비과세되기 위해서는 양도일 현재 당해 주택의 보유기간이 2년 이상이어야 한다. '보유기간'은 소득세법상의 취득일부터 양도일까지의 기간에 의한다. 다만 아래와 같은 경우 보유기간에 제한을 받지 않는다.

① '임대주택법'에 의한 건설임대주택을 취득하여 양도하는 경우로서 당해 건설임대주택의 임차일부터 당해 주택의 양도일까지의 거주기간이 5년 이상인 경우
② '공익사업을위한토지등의취득및보상에관한법률'에 의한 협의매수·수용 및 그 밖의 법률에 의하여 수용되는 경우(그 양도일·수용일부터 2년 이내에 양도하는 잔존주택 및 그 부수토지를 포함함)
③ 해외이주로 세대전원이 출국하는 경우. 다만, 출국일 현재 1주택을 보유하고 있는 경우로서 출국일부터 2년이내에 양도하는 경우에 한한다.
④ 1년 이상 계속하여 국외거주를 필요로 하는 취학·근무상의 형편으로 세대전원이 출국하는 경우. 다만, 출국일 현재 1주택을 보유하고 있는 경우로서 출국일부터 2년 이내에 양도하는 것에 한한다.

Q. 양도세 계산시 단독명의와 공동명의의 차이점은?

공동명의로 취득한 과세대상 주택을 양도하는 경우 양도소득세가 공동명의자 각자에 대해 별도로 계산된다. 따라서 현행 누진세율 체계하에서는 공동명의가 단독명의로 양도하는 경우에 비해 세부담이 적다(취득시 부담하는 취득세는 취득자 수와 관계없이 동일하다).

Point!
일반적으로 공동명의가 단독명의보다 양도세 부담이 적다.

Q. 부동산 매도가 여러 건일 때 양도세 절세방법은?

양도소득세는 건별로 개별과세가 이뤄지는 것이 아니라 과세기간(1년) 단위로 합산하여 계산한다. 기본공제 250만원 뿐 아니라 양도차익에 따라 늘어나는 세율체계를 감안한다면 한 과세기간에 집중에서 양도하는 것보다 여러 과세기간에 나눠 양도하는 것이 유리하다.

●Point!
양도할 물건이 많다면 1년에 한 건씩 양도하는게 좋다.

Q. 부모와 함께 거주하는 경우에 양도세와 관련된 주의점은?

부모님을 모시고 사는 경우 또는 따로 살지만 건강보험 등의 문제로 부모의 주민등록을 자녀의 주소로 옮겨 놓는 등 실제와 같지 않게 주민등록주소를 해 놓는 경우가 있다. 이 경우 주민등록상 1세대를 이루기 때문에 1세대 1주택이지만 양도소득세 비과세 요건에 맞지 않을 수 있다. 이 경우 양도 전 미리 주소를 분리해 놓는 것이 좋다.

Point!
주택 양도 전 주민등록 상황을 반드시 검토해야한다.

Q. 양도세 절세에 도움이 되는 영수증은?

양도소득세 계산시 필요경비에는 취득가액, 취득양도비용 뿐 아니라 취득 후 해당부동산의 자산적가치상승에 기여한 지출까지도 포함한다. 따라서 취득에 소요된 비용인 '취득세 및 등록세', '부동산중개수수료', '인지대', '법무사 및 세무사 수수료' 등 뿐 만아니라 취득 이후 지출된 지출증빙을 꼭 보관해야 한다.

양도소득세 필요경비 반영 지출 예

- 본래의 용도를 변경하기 위한 개조비용
- 엘리베이터 또는 냉난방장치 설치비용
- 빌딩 등의 피난시설 등 설치비용
- 재해 등으로 건물·기계·설비 등이 멸실되거나 훼손되어 본래의 용도로 이용할 가치가 없는 것의 복구비용
- 기타 개량·확장·증설 등 위와 유사한 성질의 비용
  - 예를 들면 새시설치비용, 발코니 개조비용, 난방시설 교체비용 등은 필요경비로서 공제가 가능하나 벽지·장판 교체비용, 싱크대나 주방기구 교체비용, 외벽도색비용, 조명기구 교체비용 등은 공제받을 수 없다

그러나 정상적인 수선 또는 경미한 개량으로 자산의 가치를 상승시킨다 기보다 본래의 기능을 유지하기 위한 지출은 수익적 지출로 보아 필요경비로 보지 않는다.

양도소득세 필요경비 미반영 지출 예

- 벽지, 장판 교체비용
- 싱크대, 주방기구 교체비용
- 외벽 도색작업
- 문짝이나 조명 교체비용
- 보일러 수리비용
- 옥상 방수공사비
- 하수도관 교체비
- 오수정화조설비 교체비
- 타일 및 변기공사비
- 파손된 유리 또는 기와의 대체
- 재해를 입은 자산의 외장복구 및 도장, 유리의 삽입
- 화장실공사비, 마루공사비

● Point!

건물 수리시 비용에 대한 세금계산서와 현금영수증을 수취하는 것이 좋다.

증여세와 상속세는 어떻게 구분하나?

'증여세'란 생존하고 있는 자로부터 재산의 무상이전에 대하여 부과하는 세금이고, '상속세'란 사망(실종선고 포함)을 원인으로 한 재산의 무상이전에 대하여 부과하는 세금이다. 그리고 다음의 사유로 인한 재산의 무상이전은 증여세가 아닌 상속세를 과세한다.

① 유증(遺贈) : 증여자의 유언에 의하여 재산의 전부 또는 일부를 무상으로 증여하는 것을 말한다(단독행위)
② 사인증여(死因贈與) : 생전에 미리 증여계약을 맺으나 그 효력의 발생은 증여자의 사망을 요건으로 하는 증여를 말한다(계약행위)
③ 특별연고자에 대한 재산분여 : 민법규정에 의하여 피상속인과 생계를 같이 하던 자·피상속인의 요양간호를 한 자 기타 피상속인과 특별한 연고가 있던 자에게 상속재산을 분여하는 것을 말한다.

Q. 증여세 과세대상과 납세의무자는?

1. 과세대상

타인의 증여로 인하여 증여일 현재 다음의 증여재산이 있는 경우에는 그 증여재산에 대하여 증여세를 부과한다.

구분	과세대상
수증자가 거주자·비영리내국법인인 경우	거주자 등이 증여받은 모든 재산(무제한 납세의무)
수증자가 비거주자·비영리외국법인인 경우	비거주자 등이 증여받은 재산 중 국내에 있는 모든 재산 (제한납세의무)

2. 납세의무자

본래의 납세의무

수증자는 증여세를 납부할 의무가 있다. 수증자가 증여일 현재 비거주자인 경우에는 국내에 있는 수증재산에 대하여만 증여세를 납부할 의무를 진다.

수증자의 자력상실시 증여세 면제

다음에 해당하는 경우로서 수증자가 증여세를 납부할 능력이 없다고 인정되는 때에는 그에 상당하는 증여세의 일부 또는 전부를 면제한다.
- 저가·고가양도에 따른 이익의 증여 등
- 채무 면제 등에 따른 이익의 증여
- 부동산 무상사용에 따른 이익의 증여
- 금전무상대부 등에 따른 이익의 증여

증여자의 연대납세의무

수증자가 다음에 해당하는 경우에는 증여자가 수증자의 증여세에 대하여 연대납세의무를 진다.
- 주소 또는 거소가 분명하지 아니한 경우로서 조세채권확보가 곤란한 경우
- 증여세를 납부할 능력이 없다고 인정되는 경우로서 체납으로 인하여 체납처분을 하여도 조세채권확보가 곤란한 경우

Q. 증여세 계산방법은?

```
         증여재산가액                        → 1.에서 설명
  ( + )  10년이내 동일인으로부터 증여받은 재산  → 2.에서 설명
  ( - )  비과세재산가액
  ( - )  과세가액불산입액
  ( - )  부담부증여시채무인수액
         ─────────────────────
         증여세과세가액
  ( - )  증여재산공제                        → 3.에서 설명
  ( - )  재해손실공제
  ( - )  감정평가수수료공제
         ─────────────────────
         과세표준
  ( × )  세  율                              → 4.에서 설명
         ─────────────────────
         산출세액
```

1. 증여재산가액

증여자산가액의 평가는 증여일 현재를 말한다(상속세의 상속재산가액은 상속개시일 현재). 그리고 원칙적으로 증여자산가액은 시가로 한다. 다만, 시가의 산정이 곤란한 경우 보충적 평가방법을 사용할 수 있는데, 주택의 경우 아파트 등은 공동주택가격, 단독주택 등은 개별주택가격이 이에 해당한다.

일반적으로 공동주택가격이 시가보다 낮기 때문에 예전에는 공동주택가격으로 세금신고를 해도 큰 문제가 없었는데, 요즘은 실제매매가격의 확인이 쉽기 때문에 공동주택가격으로 증여재산가액을 산정하여 세금을 신고하면 추징당하기 쉽다는 점을 유의해야 한다.

2. 10년 이내 동일인으로부터 증여받은 재산

당해 증여일 전 10년 이내에 동일인(증여자가 직계존속인 경우에는 그 직계존속의 배우자를 포함함)으로부터 받은 증여재산가액의 합계액이 '1천만원 이상'인 경우에는 그 가액을 증여과세가액에 가산한다. 가산하는 취지는 분할증여를 통한 누진부담의 회피를 방지하기 위함이며, 이는 상속세 계산시 증여재산가액을 가산하는 취지와 동일하다.

위와 같이 증여세과세가액에 가산하는 증여재산가액이 있는 경우에는 그 증여재산에 대한 당초의 증여세산출세액은 이중과세방지를 위하여 기납부세액공제로 차감한다.

3. 증여재산공제

① 공제금액

거주자가 친족으로부터 증여를 받은 경우에는 수증자를 기준으로 다음의 구분에 따른 금액을 증여세 과세가액에서 공제한다.

구 분	증여재산공제액
배우자로부터 증여를 받은 경우	6억원
직계존속 및 직계비속으로부터 증여를 받은 경우	5천만원. 다만 미성년자가 직계존속으로부터 증여를 받은 경우는 2,000만원
위 외의 친족으로부터 증여를 받은 경우	1,000만원

② 공제방법

증여재산공제는 수증자를 기준으로 적용한다. 예를들어, 부(父)가 자녀 3인으로부터 각각 3,000만원씩 9,000만원을 증여받은 경우 총 5,000만원만 증여재산공제로 공제하므로 4,000만원에 대하여는 증여세를 과세한다.

4. 세율

과세표준	세율 (초과누진)	과세표준	세율 (초과누진)
1억원 이하	10%	10억원 초과~30억원 이하	40%
1억원 초과~5억원 이하	20%	30억원 초과	50%
5억원 초과~10억원 이하	30%		

※ 직계존속이 자녀를 건너뛰어 다른 직계비속(손자 등)에게 상속하는 경우 30%를 할증한다.

Q. 자녀에게 세금없이 증여하려면?

1. 증여세 신고

자녀 1명에게 5,000만원(미성년자는 2,000만원)까지 비과세되므로 비과세 범위내 증여하면 증여세는 발생하지 않는다. 증여를 받으면 증여받은 달의 말일부터 3개월 이내에 증여세를 신고하여야 하며, 10년내 동일인(직계존속의 경우에는 그 배우자 포함)으로부터 증여받은 금액을 합산하여 신고하여야 한다. 증여세신고는 합법적인 증거를 남기는 데 의미가 있다.

2. 10년 단위로 계획하여 증여

증여세 과세기간은 10년이다. 따라서 10년 단위로 증여재산공제액에 맞춰 증여하면 증여세과세를 피할 수 있다.

예를들어 미성년 자녀에게 2×01년 1월 1일 2,000만원을 증여하고 2×11년 1월 1일 2,000만원을 다시 증여한 경우 증여세는 발생하지 않는다.

Q. 미성년자 명의로 재산취득시 증여세와 관련된 주의점은?

미성년자가 부동산 등의 재산을 취득시 자금출처조사에 대비해야 한다. '자금출처조사'란 어떤 개인이 재산을 취득하거나 부채를 상환하였을 때 그 사람의 직업·나이 그 동안의 소득세 납부실적·재산상태 등으로 보아 스스로의 힘으로 재산을 취득하거나 부채를 상환하였다고 보기 어려운 경우, 세무서에서 소요자금의 출처를 제시하도록 하여 출처를 제시하지 못하면 이를 증여받은 것으로 보아 증여세를 추가징수하는 것을 말한다.

자금출처조사는 모든 경우마다 다 하는 것은 아니며, 10년 이내의 재산취득가액 또는 채무상환금액의 합계액이 아래의 기준금액 미만인 경우에는 자금출처조사를 하지 않는다. 다만, 기준금액 이내라 하더라도 객관적으로 증여사실이 확인되면 증여세가 과세된다.

자금출처조사 기준금액[10]

구 분		취득재산		채무상환	총액한도
		주택	기타재산		
세대주인 경우	30세 이상인 자	2억원	5천만원	5천만원	2억5천만원
	40세 이상인 자	4억원	1억원		5억원
세대주가 아닌 경우	30세 이상인 자	1억원	5천만원	5천만원	1억5천만원
	40세 이상인 자	2억원	1억원		3억원
30세 미만인 자		5천만원	3천만원	3천만원	8천만원

자금출처조사 배제기준에 해당되지 않아 자금출처조사 대상자로 선정되거나 세무서에서 자금원천을 소명하라는 안내문을 받은 경우에는 증빙서류를 제출하여 취득자금의 출처를 밝혀야만 증여세 과세를 피할 수 있다.

취득자금의 80% 이상을 소명하지 않으면(취득자금이 10억원 이상인 경우에는 소명하지 못한 금액이 2억원 미만이 되지 않으면) 취득자금에서 소명금액을 뺀 나머지를 증여받은 것으로 봄으로 소명자료는 최대한 구비하여 제출하여야 한다. 따라서 증여를 하기 전 자금출조사 배제기준에 해당하는지 판단해보고 필요한 경우 미리 자금출처로 인정되는 증빙서류들을 준비해두는 것이 좋다.

---

10) 자금출처조사 기준금액은 법령에 따라정해진 것이 아니라 과세행정을 위한 내부기준에 불과하므로 기준금액 미달 증여시에도 부과처분을 받을 수 있음을 유의해야 한다.

자금출처 인정 증빙서류 예

구분	자금출처로 인정되는 금액	증빙서류
근로소득	총급여액 – 원천징수세액	원천징수영수증
퇴직소득	총지급액 – 원천징수세액	원천징수영수증
사업소득	소득금액 – 원천징수세액	소득세신고서 사본
이자·배당·기타소득	총지급액 – 원천징수세액	원천징수영수증
차입금	차입금액	부채증명서
임대보증금	보증금 또는 전세금	임대차계약서
보유재산처분액	처분가액 – 양도소득세 등	매매계약서

※ 개인 간 금전거래의 경우에는 사적인 차용증, 계약서, 영수증 등만 가지고는 거래사실을 인정받기 어려우므로 이를 뒷받침할 수 있는 예금통장사본, 무통장입금증 등 금융거래 자료를 준비하는 것이 좋다.

Q. 상속세 계산방법은?

상속재산가액	→ 민법상 상속재산 + 유증재산 + 사인증여재산
(+) 의제·추정상속재산가액	→ 생명·손해보험금 + 신탁재산 + 퇴직금 + 추정상속재산
총상속재산가액	
(+) 증여재산가액	→ 1.에서 설명
(−) 비과세재산가액	
(−) 과세가액불산입액	
(−) 과세가액공제액	
상속세과세가액	
(−) 상속공제	→ 2.에서 설명
(−) 감정평가수수료공제	
상속세과세표준	
(×) 세 율	→ 3.에서 설명
산출세액	→ 세액공제 등을 공제한 금액을 신고·납부

1. 증여재산가액

피상속인이 생존시 증여한 다음의 증여재산가액은 상속재산에 가산한다. 그 취지는 상속세 누진세율 적용의 부담을 경감하기 위한 사전증여행위를 막기 위함이다.

구분	과세대상
상속인에게 증여한 경우	상속개시일 전 10년이내에 증여한 재산가액
상속인이 아닌 자에게 증여한 경우	상속개시일 전 5년이내에 증여한 재산가액

※ 증여재산가액은 상속개시 당시가 아닌 증여 당시의 현황에 의하여 평가한다.
※ 당초의 증여시 수증자가 부담한 증여세 산출세액은 동일한 재산에 대한 이중과세 방지를 위하여 상속세 산출세액에서 세액공제로 차감한다.

2. 상속공제

상속공제는 아래와 같이 인적공제와 물적공제의 합이다.

상속공제	① 인적공제 : 기초공제 + 배우자상속공제 + 기타인적공제
	② 물적공제 : 가업·영농상속공제 + 금융재산상속공제 + 재해손실공제

※ 비거주자의 사망으로 상속이 개시된 경우에는 상속공제 중 기초공제만 적용하며, 다른 인적공제와 물적공제는 적용하지 않는다.
※ 「기초공제와 기타 인적공제」 대신 일괄공제(5억원)를 선택할 수 있다.
※ 상속세 과세표준이 50만원 미만인 때에는 상속세를 부과하지 아니한다.

① **인적공제**

구분	내용
기초공제	거주자 또는 비거주자의 사망으로 상속이 개시되는 경우에는 상속세과세가액에서 2억원을 공제한다.
배우자 상속 공제	• 거주자의 사망으로 상속이 개시되는 경우 아래와 같은 금액을 배우자 상속공제로 공제한다. • 아래 ⓐ, ⓑ 중 작은 금액을 공제하되 최소 5억을 공제한다. 　ⓐ 배우자가 실제 상속받은 금액 　ⓑ '상속재산가액×배우자법정상속분 – 상속재산에 가산한 증여재산가액 중 배우자에게 증여한 재산에 대한 증여세과세표준'과 '30억' 중 작은 금액
기타 인적 공제	거주자의 사망으로 인하여 상속이 개시되는 경우 다음의 자가 있는 때에는 다음의 공제액을 인원수의 제한없이 상속세과세가액에서 공제한다. 이러한 기타인적공제는 공제요건에 해당하는 자가 상속의 포기 등으로 상속을 받지 아니하는 경우에도 적용한다. | 구 분	요 건	공 제 액
---	---	---
자녀공제	나이나 동거여부 무관	1인당 5천만원
연로자공제	상속인(배우자제외) 및 동거가족 중 60세 이상인 자	1인당 5천만원
미성년자공제	상속인(배우자제외) 및 동거가족 중 20세 미만인 자	1,000만원×20세에 달하기까지 연수
장애인공제	상속인(배우자제외) 및 동거가족 중 장애인인 자	1,000만원×65세에 달하기까지 연수	

② **물적공제**

구분	내 용
가업상속공제	다음의 ⓐ와 ⓑ 중 큰 금액을 공제한다. ⓐ 가업상속재산가액×20%와 30억원 중 작은금액 ⓑ 2억원과 가업상속재산가액중 작은금액
영농상속공제	영농 등 상속재산가액을 2억원한도로 공제한다.
금융재산상속공제	거주자의 사망으로 인하여 상속이 개시된 경우로서 상속개시일 현재 상속재산 중 '순금융재산의가액'이 포함되어 있는 경우에는 다음의 금액을 공제한다. ⓐ 2,000만원 이하인 경우 전액 ⓑ 2,000만원 초과하는 경우 순금융재산가액의 20%를 공제하되 최소한 2,000만원을 2억원 한도로 공제한다.
재해손실세액공제	거주자의 사망으로 인하여 상속이 개시되는 경우로서 상속세 신고기한 이내에 재난으로 인하여 상속재산이 멸실·훼손된 경우에는 그 손실가액을 상속세과세가액에서 공제한다. 다만, 그 손실가액에 대한 보험금 등의 수령 또는 구상권 등의 행사에 의하여 당해 손실가액에 상당하는 금액을 보전받을 수 있는 경우에는 그러하지 아니한다.

3. 세율

과세표준	세율(초과누진)
1억원 이하	10%
1억원 초과~5억원 이하	20%
5억원 초과~10억원 이하	30%
10억원 초과~30억원 이하	40%
30억원 초과	50%

※ 직계존속이 자녀를 건너뛰어 다른 직계비속(손자 등)에게 상속하는 경우 30%를 할증한다.

• Point!

상속세와 증여세는 세율이 동일하다. 특별한 경우를 제외하면 일반적으로 공제액이 큰 상속세가 증여세 보다 세부담이 적다.

Q. 상속세 절세방법은?

1. 장례비용 영수증과 서류

피상속인이 사망한 때부터 장례일까지 장례를 치르는데 직접 소요된 비용은 피상속인이 부담할 비용은 아니나 사망에 따른 필연적인 비용이며 사회통념상 경비로 인정받고 있으므로 상속세를 계산할 때도 일정한도 내의 금액은 비용으로 공제해주고 있다.

장례비용이 500만원 미만인 경우에는 증빙이 없더라도 500만원을 공제해 주지만, 500만원을 초과하면 증빙에 의하여 지출사실이 확인되는 것만 공제해준다. 다만, 장례비용이 1,000만원을 초과하는 경우에는 1,000만원까지만 공제해 준다.

장례비용에는 시신의 발굴 및 안치에 직접 소요되는 비용과 묘지구입비, 공원묘지사용료, 비석·상석 등 장례를 치르는데 직접 들어간 제반비용도 포함시키고 있다.

또한 2002년부터는 장례문화의 개선을 지원하기 위해 위 금액 외에 봉

안시설의 사용에 소요된 금액을 500만원을 한도로 하여 추가로 공제해 주고 있다.

2. 병원비는 사망 후 내거나 피상속인의 재산으로 납부

피상속인이 큰 병에 걸렸거나 장기간 입원한 경우에는 병원비도 상당히 많은 금액이 들 것이다. 이런 경우 많은 사람들이 피상속인 명의의 예금 잔액이 있다 하더라도 자녀들의 통장에서 돈을 인출하여 병원비를 납부하는 것이 일반적인데, 이는 상속세 측면에서는 전혀 도움이 안될 뿐더러 오히려 안내도 될 세금을 내는 결과로 이어질 수 있다.

피상속인의 재산으로 병원비를 납부하면 그만큼 상속재산이 감소하므로 감소한 분에 대한 세금만큼 적게 낼 수 있지만, 자녀들의 재산으로 병원비를 납부하면 상속재산은 변동이 없기 때문에 그만큼 세금을 더 내는 결과가 된다. 또한 피상속인이 사망때까지 내지 못한 병원비는 채무로서 공제를 받을 수 있다. 그러므로 피상속인의 병원비는 돌아가시고 난 후에 내던가 그 전에 꼭 내야하는 경우에는 피상속인의 재산에서 내는 것이 유리하다.

Q. 양도세, 증여세, 상속세 신고·납부기한을 정리하면?

양도소득세, 증여세, 상속세 신고 및 납부기한은 아래 표와 같다.

구 분		신고·납부기한
양도소득세	부동산 관련	양도일 속한 달의 말일로부터 2개월 이내
	주식 관련	양도일 속한 반기의 말일로부터 2개월 이내
증여세		증여일 속한 달의 말일로부터 3개월 이내
상속세		상속일(사망일) 속한 달의 말일로부터 6개월 이내

제8장
세무대리업무 소개

인건비(원천세)의 신고

지출에 대해 영수증을 수취해야만 사업상 필요한 경비로 인정받을 수 있는 것처럼 직원에게 지급하는 임금도 세무서에 신고해야만 필요경비로 인정받을 수 있다. 직원의 임금도 직원 개인의 소득이므로 소득세가 부과되며, 이를 일부 떼고 지급하는데 이를 원천세라고 한다. 원천세 신고와 납부는 매달(승인받으면 반기별) 이뤄지며 식대 등 비과세항목을 제외한 직원의 세전소득을 국세청에 신고한다. 세무대리인에게 직원 신규채용 및 퇴사, 급여 변동사항 등을 잘 알려줘야 정확한 신고가 가능하다.

직원들의 연말정산

직원월급에 대해 매월 또는 반기별 신고하는 원천세는 확정된 세금이 아니다. 차년도 2월에 이를 정산해야 하는데 이를 연말정산이라 부른다.

연말정산을 위해서 직원의 소득공제, 세액공제 자료[11]를 요청하는데 이를 반영한 정확한 세액에서 그 동안 원천세로 납부한 기납부세액을 차감하여 양(+)의 납부세액이 나오면 2월분 급여에서 차감하는 방식으로 납부하고, 음(-)의 납부세액이 나오면 2월분 급여에 가산하여 돌려주게 된다.

---

11) 국세청 홈택스(www.hometax.go.kr)의 연말정산간소화 서비스를 통해 간편하게 자료를 조회할 수 있다.

Q. 4대보험 신고

직원 급여에 대해 매달 또는 반기별 신고/납부하는 원천세가 병의원의 사업상 필요한 경비를 위한 세무였다면 4대보험업무는 국가정책으로서 국민건강보험법 등 관련법에 따른 업무다. 각 공단에서는 원천세 신고가 된 직원에 대해 4대보험 신고도 함께 되어있는지 체크를 하고 있기 때문에 원천세신고와 함께 반드시 해야한다. 일반적으로 세무대리인이 기장업무와 함께 4대보험신고도 수행하고 있으며, 일부 병의원은 4대보험업무만 노무사무실에 별도로 위임하기도 한다.

사업장현황(부가가치세) 신고

개인 사업자의 경우 부가가치세과세 대상인 미용목적 진료가 많은 병의원 또는 약국은 사업자등록 유형이 일반과세자고, 그렇지 않은 사업자는 면세사업자다. 일반과세자는 일년에 두 번(1월, 7월) 부가가치세 신고를 통해 연간 매출액을 확정한다. 반면 면세사업자는 부가가치세 신고를 하지 않기 때문에 2월 10일까지 사업장현황 신고를 통해 전년도 매출액을 확정한다. 그리고 의료법인은 일년에 네 번(1월, 4월, 7월, 10월) 부가가치세 신고를 해야한다.

과거에는 사업장현황 신고와 함께 병과별로 요구하는 서식을 통해 매출 누락 혐의 여부를 파악하기도 했지만 세무행정 발전에 따른 과세표준의 양성화로 요식적인 성격의 정보(의료소모품 재고 등)요청도 많다.

사업장현황신고시 신고되는 매입과 매출액이 실제 종합소득세 신고내용과 크게 차이나면 문제가 발생할 수 있다. 따라서 신고내용에 대한 각별한 유의가 필요하다.

종합소득세(법인세) 신고

개인사업자는 연간 이익에 대해 종합소득세 의무를 지고 의료법인은 법인세 의무를 갖는다. 피부과, 성형외과를 제외한 대부분의 병과는 부가가치세 과세대상 진료 비중이 적기 때문에 실제로 대표자(원장님)가 부담하는 대부분의 세금이 종합소득세다.

종합소득세란 사업소득뿐 아니라 근로소득, 부동산임대소득 등을 모두 합산하여 차년도에 신고하는 세금을 말한다. 사업자 유형이 일반과세자인 병의원은 두 번에 나눠 신고된 부가가치세신고 내용을, 유형이 면세사업자인 병의원은 신고된 사업장현황신고 내용을 바탕으로 신고서를 작성한다.

보통 5월이 신고기간이며 이때가 세무대리를 맡는 세무사무소가 가장 바쁜 기간이다. 직전연도 연매출 5억원 이상의 병의원은 성실신고확인대상자로서 6월에 신고한다.

성실신고확인 업무

직전 매출이 5억원 이상 병의원은 의무적으로 성실신고확인을 받아야한다. 일반적으로 기장업무를 대리했던 세무대리인이 성실신고확인 업무도 함께하고 있으며 종합소득세 신고시 성실신고확인과 관련한 서류도 함께 첨부하여 제출하도록 하고 있다. 확인받아야 할 내용은 대상자가 신고할 매출액, 증빙 발행 및 수취현황, 필요경비 등이다.

성실신고확인에 따른 수수료는 확인자에게 지급하도록 하고 있으며 비용의 60%를 120만원 한도로 세액공제해 주고 있다. 세액공제 받지 않은 나머지 40%는 당기 필요경비로 산입이 가능하다.

개인 재산관련 세무 (양도, 상속, 증여)

사업과 관련 없는 개인 재산과 관련한 세금은 기장업무 계약에 따른 세무대리에 해당하지 않는다. 대표적인 것이 부동산에 대한 종합소득세, 양도소득세, 상속세, 증여세다. 종합부동산은 주택 등 부동산 보유에 따른 세금이고, 양도소득세는 부동산이나 주식을 양도하면서 발생하는 세금이다. 상속세는 사람이 사망하면서 상속인에게 재산이 무상 이전되어 발생하고, 살아계신 분이 재산을 무상이전하면 증여세가 발생한다.

이와 같은 세금은 사업과 관련없는 세금이므로 기장대리로서 파악하기 어렵다. 세금은 사전 절세가 사후보다 훨씬 유리하므로 발생 전 반드시 세무사 등에게 상담과 조언을 구해야한다.

개원의가 꼭 알아야 할 핵심 세무·노무

초판발행 2022년 9월 5일
저자 김관형
발행인 허병관
발행처 도서출판 어울림
주소 서울시 영등포구 양산로 57-5, 1301호 (양평동3가 이노플렉스)
전화 02-2232-8607, 8602
팩스 02-2232-8608
등록 제2-4071호
홈페이지 www.aubook.co.kr

ISBN 978-89-6239-862-5 13320
정가 22,000원

도서출판 어울림 발행도서는 정확하고 권위 있는 해설 및 정보의 제공을 목적으로 하고 있습니다.
그러나 항상 그 완전성이 보장되는 것은 아니기 때문에 적용결과에 대하여 당사가 책임지지 아니합니다.
따라서 실제 적용할 경우에는 충분히 검토하시고 저자 또는 전문가와 상의하시기 바랍니다.

본서의 무단전재 및 복제행위는 저작권법에 의거, 5년 이하의 징역 또는 5000만원 이하의 벌금에 처하거나 이를 병과할 수 있습니다.

파본은 구입하신 서점이나 출판사에서 교환해 드립니다.